D1215758

TEXTES RADIOPHONIQUES

ŒUVRES DE MARIE-CLAIRE BLAIS

ROMANS

La Belle Bête, Boréal, coll. « Boréal compact », 1991.

Tête blanche, Boréal, coll. « Boréal compact », 1991.

Le jour est noir suivi de *L'Insoumise,* Boréal, coll. « Boréal compact », 1990.

Une saison dans la vie d'Emmanuel, Boréal, coll. « Boréal compact », 1991.

David Sterne, Éditions du Jour, 1967.

Manuscrits de Pauline Archange, Boréal, coll. « Boréal compact », 1991.

Vivre! Vivre!, tome II des *Manuscrits de Pauline Archange,* Boréal, coll. « Boréal compact », 1991.

Les Apparences, tome III des *Manuscrits de Pauline Archange,* Éditions du Jour, 1970 ; Boréal, coll. « Boréal compact », 1991.

Le Loup, Boréal, coll. « Boréal compact », 1990.

Un Joualonais, sa Joualonie, Éditions du Jour, 1973.

Une liaison parisienne, Boréal, coll. « Boréal compact », 1991.

Les Nuits de l'Underground, Boréal, coll. « Boréal compact », 1990.

Le Sourd dans la ville, Boréal, coll. « Boréal compact », 1996.

Visions d'Anna, Boréal, coll. « Boréal compact », 1990.

Pierre – La Guerre du printemps 81, Boréal, coll. « Boréal compact », 1991.

L'Ange de la solitude, VLB éditeur, 1989.

Soifs, Boréal, 1995 ; coll. « Boréal compact », 1996.

THÉÂTRE

Théâtre, Boréal, coll. « Boréal compact », 1998.

RÉCITS

Parcours d'un écrivain, notes américaines, VLB éditeur, 1993.

L'Exilé, nouvelles, suivi de *Les Voyageurs sacrés,* BQ, 1992.

POÉSIE

Œuvre poétique, 1957-1996, Boréal, coll. « Boréal compact », 1997.

Marie-Claire Blais

TEXTES RADIOPHONIQUES

Boréal

Les Éditions du Boréal remercient le Conseil des Arts du Canada ainsi que
le ministère du Patrimoine canadien et la SODEC pour leur soutien financier.

Photo de la couverture : Charlotte Fauteux, *Ombre et Lumière,* aquarelle, 1996.

Diffusion au Canada : Dimedia

Données de catalogage avant publication (Canada)

Blais, Marie-Claire, 1939-

    Textes radiophoniques

    (Boréal compact ; 97)
    Sommaire : Le Disparu – L'Envahisseur – Deux destins – Fièvre – Un couple –
Murmures – L'Exil – Un jardin dans la tempête.

    ISBN 2-89052-961-4

    I. Titre.

PS8503.L33A19   1999   C842'.54   C99-940236-6

PS9503.L33A19   1999

PQ3919.2.B52A19   1999

À Dyne Mousso, à Madeleine Gérôme qui,
grâce à leur immense talent, ont permis
la réalisation de ces textes à Radio-Canada,
avec toute ma reconnaissance.

Le Disparu

Le Disparu *a été créé à l'émission* Premières *de la radio FM de Radio-Canada, le 20 juillet 1972, dans une réalisation de Madeleine Gérôme.*

Personnages
   Le père
   La mère
   Robert, leur fils, un médecin de trente ans
   Gérard, son frère

L'action se passe dans une famille bourgeoise. Nous retrouvons le père et le fils en grande conversation…

PÈRE. Et tes enfants? Et ta femme? Pourquoi ne viennent-ils jamais nous voir? Pourquoi ne les amènes-tu pas?

ROBERT. Je n'ai pas le temps. Cette vie à l'hôpital me tue! C'est à peine si je peux les voir à la maison. Ce n'est pas une existence normale, cette vie où il ne reste pas un instant pour penser à soi.

PÈRE. Tu es un excellent médecin. C'est bien ce que tu voulais quand tu étais étudiant? Pourquoi te plains-tu sans cesse aujourd'hui?

ROBERT. Parce que je ne suis pas heureux, c'est tout. Il me semble que je n'ai encore rien choisi moi-même, dans la vie. Je vous ai toujours imité, vous ou mes frères. Maintenant, ça ne vas pas. Je ne ressens plus rien pour les gens que je soigne. Avant j'étais au moins sensible à leurs souffrances; aujourd'hui je suis indifférent à tout. Je possède sans doute une nature égoïste qui se révèle enfin, même si je lutte contre l'indifférence.

PÈRE. Tu n'es pas égoïste. Encore une de tes idées!

ROBERT. Je sais que vous aimez affirmer le contraire. C'est plus rassurant pour vous. Heureusement, Gérard, lui, en partant si vite, a échappé à votre influence…

PÈRE. Ne prononce pas son nom. Ta mère est si nerveuse. Elle entend tout… Elle voit tout… Je te demande de ne plus remuer ces souvenirs.

ROBERT. Des souvenirs, papa? La disparition de mon frère, un simple souvenir?

PÈRE. Ou cette tragédie, si tu préfères…

ROBERT. Non, pas une tragédie. Encore un mot qui recouvre tout et qui ne signifie rien! La disparition de Gérard a été un événement, quelque chose qui nous a tous bouleversés. Un événement qui aurait peut-être dû nous transformer dans cette famille… Mais le premier choc passé, un an après la disparition de mon frère, nous sommes encore les mêmes. Nous sommes aussi menteurs qu'autrefois, nous fuyons encore la vérité…

PÈRE. De quelle vérité parles-tu? Il n'y a qu'une vérité : nous avons perdu notre fils… Pense à ta mère maintenant. C'est un être fragile. Elle a été gravement malade, nous avons le devoir de la protéger. La voici. Tais-toi.

Temps.

MÈRE. Oui, Robert, je disais justement hier à ton père que depuis… depuis la disparition de ton frère, tu ne viens plus jamais nous voir avec les enfants…

ROBERT. Je trouve cette maison bien triste maintenant.

MÈRE. Nous, tes parents, nous ne changeons pas. Nous t'accueillons toujours avec la même joie. Je suis si seule depuis que vous avez quitté la maison. Tu es fatigué, Robert, tu serais bien ici avec nous quelque temps. Tu m'aiderais au jardin comme tu le faisais autrefois, le jardin est trop grand pour nous deux…

ROBERT. Il y a partout le même vide… Ici ou ailleurs, c'est la même chose!

PÈRE. Je ne comprends pas pourquoi tu es si désabusé, tu n'as aucune raison de l'être. Si tu es fatigué, pourquoi ne penses-tu jamais à te reposer? Pour être optimiste dans la vie, il faut savoir se reposer.

ROBERT. Pourquoi me parlez-vous toujours sur ce ton, papa? Comme si j'avais encore douze ans…

MÈRE. Il faut bien se tourner vers le passé. Des parents comme nous n'ont pas beaucoup de consolation dans le présent. Vous ne venez jamais nous voir, depuis que nous avons eu notre malheur. On dirait que tout le monde a peur. Il ne nous reste que le passé, Robert. Nous étions tous unis et nos fils étaient les plus intelligents, les plus beaux… Comme il y a longtemps déjà… Tu te souviens, Robert? Vous étiez toujours les premiers à l'école…

ROBERT. Maintenant, tu es heureuse, maman. Tu as trois médecins dans la famille!

MÈRE. Ah! si ton frère cadet vivait encore!

ROBERT. Mais il vit encore, il vit peut-être! Je suis content, maman, que nous parlions enfin de lui. Tu as raison. Depuis un an, toute la famille se tait, toute la famille a peur. Le temps est venu de briser ce silence! As-tu déjà pensé que le soir où il est parti, après le dîner, ce n'était peut-être pas pour mourir, comme tu le crois, mais pour vivre? Pour vivre ailleurs, pour être libre enfin?

PÈRE. Impossible!

ROBERT. Pourquoi serait-ce impossible, après tout? Je le revois, pendant le dîner. Il n'avait pas la tête d'un futur suicidé, je vous assure! Il nous regardait tous avec ironie, d'un air conquérant. Il n'avait qu'un désir: défendre sauvagement sa liberté contre nous, ses aînés. Nous avions la certitude d'être des garçons brillants, de pouvoir réussir dans la vie. Lui n'avait qu'un besoin: la liberté, la fuite…

PÈRE. On ne meurt pas pour affirmer sa liberté… C'est orgueilleux et insensé ce que tu racontes là ! Tu sais très bien que ton frère est mort par accident. Il était un peu ivre après le dîner et, comme un fou, il a eu l'idée de se promener dans le brouillard. Il savait que la mer était mauvaise et il est sorti.

MÈRE. Mais il avait l'habitude de longer les rochers, le soir. Même quand il y avait une tempête sur la mer… Il avait l'habitude… Pourquoi ce soir-là a-t-il été si distrait ? Pourquoi nous a-t-il quittés ? Pourquoi s'est-il laissé tomber dans la mer ?

ROBERT. Et pourquoi n'avons-nous pas retrouvé son corps ?

PÈRE. À cause des remous et de la mer trop profonde. C'est évident !

ROBERT. Moi, papa, je commence à penser que c'est nous tous qui avons décidé de la fin de Gérard. Il n'y avait pas d'explication raisonnable à sa conduite. Ce geste était délirant, absolu. La mort seule, la fièvre du suicide pouvaient expliquer un pareil geste. La seule pensée du suicide était trop brutale, alors nous avons parlé d'un accident, d'un banal accident. C'est en nos cœurs que nous avons tué Gérard. Nous lui avons enlevé la vie en prononçant ce verdict, celui de l'accident.

PÈRE *(après un temps)*. Nous parlerons de cette malheureuse nuit entre nous, Robert. Ta mère ne se sent pas bien. Je te demande encore une fois de l'épargner

MÈRE. Mais je veux parler de mon fils… Personne ne me parle jamais de lui… On m'a défendu pendant tous ces mois de prononcer son nom, on a dit que j'étais malade parce que je l'appelais jour et nuit.

PÈRE. Mais tu étais malade, ma chérie, très malade.

ROBERT. Nous étions tous malades de silence et de crainte. Nous avons eu peur de découvrir quelque chose de honteux sous la fugue de Gérard. Maintenant il faut guérir, papa !

PÈRE. Guérir de quoi, peux-tu me le dire ? Je sais, tu aimes la vérité, tu aimes sonder la boue sous la surface tranquille, comme tu dis, mais à quoi bon ? Tu ne trouveras rien ici. Il y a là un mystère que tu ne peux pas pénétrer. Dieu a pris notre fils.

ROBERT. Pour le laisser vivre, peut-être… Car il était exubérant, il aimait la vie…

PÈRE. Comme n'importe qui à dix-sept ans !

ROBERT. Il aimait la vie. Cela, vous ne l'avouez jamais. Il était même ce qu'on appelle un garçon dissipé. Ce qui l'amusait dans la vie, ce n'était pas les études, comme pour nous, mais uniquement le plaisir, les filles, l'amour. Il ne pouvait pas vivre sans une grande chaleur humaine autour de lui, sans vin, sans humour, sans gaieté…

PÈRE. C'est faux ! Ne détruis pas l'image de ton frère. Ne le traîne pas dans cette boue.

MÈRE. Tu sais bien, Robert, que ton frère a été aussi sévèrement élevé que les autres. Il n'y a aucune vérité dans ce que tu dis. Tu aurais raison que je lui pardonnerais quand même sa conduite. Je suis sa mère, je donnerais tout au monde pour le retrouver…

ROBERT. Il a toujours refusé de suivre la trace vertueuse de ses aînés !

PÈRE. Gérard ne refusait rien. C'était la douceur même, cet enfant. On pouvait tout lui faire comprendre.

ROBERT. Alors, papa, s'il était si doux, pourquoi ne cessiez-vous de lui répéter qu'il était paresseux et qu'il travaillait mal ? Pourquoi lui répéter aussi qu'il n'était rien et que nous, les trois autres, nous étions les seuls modèles à suivre en tout ?

PÈRE. Ton procès est inutile, Robert. J'ai bien connu mon Gérard, je l'ai mieux connu que toi…

ROBERT. Moi, c'est le contraire, je n'ai pas connu mon frère… Je l'ai même ignoré longtemps…

PÈRE *(après un temps)*. Que cherches-tu à obtenir de nous, ta mère et moi? N'avons-nous pas assez souffert depuis un an?

ROBERT. Maman a souffert, d'accord! Mais vous, papa, vous avez dormi et rêvé à un fils que vous n'avez jamais eu. Dans votre cœur, vous avez condamné Gérard à la disparition, à l'exil. Il ne répondait pas à l'image que vous aviez d'un fils, il ne répondait en rien à ce que vous attendiez. Il fallait donc le tuer.

PÈRE. Tu as toujours eu une imagination excessive. Tu te laisses facilement emporter, comme autrefois. Tu ferais mieux d'oublier ce tragique accident. C'est malsain ce que tu tentes de retrouver dans ce pauvre cadavre…

ROBERT. *Tragique accident… Pauvre cadavre!* Quel rideau pour étouffer la vie, ces mots que vous prononcez! Cessez de m'endormir avec des paroles comme vous l'avez fait pour ma mère! Je n'oublierai rien, jamais!

PÈRE. Alors tu deviendras fou!

ROBERT *(après un temps)*. Oublier? Qu'est-ce qu'oublier? Toujours cacher ce qui nous déplaît, ce qui offense nos habitudes? Accepter ce mythe que vous avez créé, vous et mes frères, pour apaiser vos consciences devant l'acte de révolte de Gérard? Un acte de révolte, mais dans notre famille structurée depuis des siècles, c'est plutôt un miracle, un geste qu'il faut approfondir, vous ne croyez pas?

PÈRE. Je ne sais pas de quoi tu parles. Je te trouve bien exalté pour un indifférent.

ROBERT. Je ne suis plus indifférent quand je pense à Gérard. Je commence à vivre d'une autre façon. Je ne suis plus le même être. C'est peut-être ce qu'il souhaitait en partant. Mes autres frères n'ont toutefois pas saisi le même message. Ils n'ont rien saisi du tout. Leur vie est confortablement assise sur ces principes que vous nous avez inculqués. Ils ne bougeront plus. Bons pères de famille pour toujours, médecins sérieux, accumulant plus d'argent que de connaissance de l'humain…

PÈRE. Le chagrin t'aveugle, mon fils.

MÈRE. Oui, Robert. Tu juges tes frères trop durement. Ils te ressemblent, ne l'oublie pas. Autrefois, du moins, tu voulais être comme eux…

ROBERT. Je ne dois pas oublier que je leur ressemble encore trop, c'est vrai. Nous sommes liés par le sang comme par cet héritage conventionnel que nous avons tous reçu.

MÈRE. Ils sont tes frères de la même façon que nous sommes tes parents…

ROBERT. Des frères, des parents qui se libèrent de leur élément de révolte! Gérard n'était que cela, la mauvaise graine de la liberté, une génération désordonnée et troublante parmi nous qui étions parfaitement organisés et sans trouble! Oui, des frères et des parents qui tuent en silence le fils du désordre! Cela peut-il encore s'appeler une famille?

PÈRE. Tu parles comme si nous avions ce mort sur la conscience.

ROBERT. Mort ou vivant, nous l'avons. Un mort, ce serait plus simple. La mort fait de nous des gens sans défauts. Un vivant qui nous échappe, c'est plus gênant, on le voit partout comme le mal.

MÈRE *(après un temps).* Je le vois en rêve, tu sais: il dort sur les rochers, au soleil. Il y a aussi un autre rêve que j'aime moins…

ROBERT. Raconte, maman.

MÈRE. Dans ce rêve, j'ouvre la porte de sa chambre et je cherche à m'approcher de lui. Mais il s'éloigne de moi, il va à la cheminée et il brûle le petit cahier que tu lui avais donné le jour de son anniversaire, pour écrire son journal, lui disais-tu… Tu te souviens, nous nous étions un peu moqués de lui à cause de ce cahier. Eh bien! ce cahier, il le brûle sous mes yeux chaque nuit, en rêve. Alors je sens soudain que j'ai perdu de lui un aveu important… Le seul peut-être…

PÈRE. Tu vois dans quel état tu précipites ta mère avec ton ardeur pour la vérité! Elle est toute pâle, toute tremblante! Quand tu as un malade qui souffre d'une maladie mortelle, j'imagine que par besoin de sincérité tu t'empresses de détruire son espérance par des mots assassins!

ROBERT. Il y en a peu qui exigent de moi la vérité. À l'hôpital comme dans la vie.

PÈRE *(après un temps)*. À quoi bon vivre au service des autres comme tu le fais tous les jours, si c'est pour comprendre si peu les êtres autour de toi, ceux qui te sont les plus proches, comme ta mère ou moi? Tu aimes frapper, cela est certain!

ROBERT. Parce que cela me paraît nécessaire! Nous n'avons jamais retrouvé le corps de mon frère... Combien de fois cependant ne l'avons-nous pas enterré, combien de fois ne lui avons-nous pas donné des funérailles légitimes?

PÈRE. Que faire d'autre? Imaginer qu'il a quitté l'île ce soir-là, qu'il s'est enfui dans un autre pays? Dans un autre monde... On ne pouvait pas quitter l'île dans un tel brouillard...

ROBERT. Parce qu'une île est un lieu dont on est prisonnier, un endroit dont on ne peut s'enfuir. Nous étions tes prisonniers, tes prisonniers en vacances. Mais les fous s'évadent...

PÈRE. Je ne comprends pas ce qui te pousse à cette amertume envers moi, Robert. C'est nouveau chez toi. Je ne te reconnais plus.

ROBERT. Je suis désolé, papa, mais je ne me reconnais plus moi-même parmi toutes vos illusions! Il est vrai que Gérard, cette nuit-là, pouvait sortir de la maison pour se jeter dans les vagues. Je pense aussi qu'il a pu suivre un chemin plus intérieur... Selon toi, il n'y a pas de choix personnel dans l'existence d'un individu. Il n'y a pas même d'individus; seulement les hommes, les hommes pour qui l'on doit vivre et mourir. *Vivre au service des autres!* comme tu dis. Que cela semble beau, que cela paraît élevé!

Quand tu nous imposais cette noble idée, nous nous taisions tous, tu avais tout exprimé. As-tu déjà pensé combien ces mots, combien ce *Vivre au service des autres,* quand on le pratique mal, sans foi et sans bonheur, as-tu déjà pensé combien cette phrase devient pharisienne? Moi, j'y ai beaucoup réfléchi. Que signifiait cette formule pour un garçon comme Gérard? Cela signifiait médiocrité, paralysie, stagnation. Ce soir-là, pendant ce dernier repas dans sa famille, il a compris que nous l'avions tous rejeté; il a compris aussi qu'il nous rejetait, nous et notre satisfaction de vivre, nous et nos belles carrières toutes préparées d'avance, nous et nos destins bien tracés. Et il est parti dans la nuit... Depuis, peut-être, il vit plus largement, il respire...

PÈRE *(après un temps).* On ne peut pas s'évader de sa famille, du monde des autres. Tu parles comme si nous n'étions pas une famille solidaire. La solidarité familiale provoque des jalousies, des calomnies, je veux bien te croire. Mais un être seul n'est rien... Que serais-tu, toi, à l'hôpital sans la réputation de ton père, de tes frères?

ROBERT. C'est juste, je ne serais rien. Voilà pourquoi je vous dis que ma vie est un drame, et vous refusez de me croire tous les deux! Je ne suis rien encore, sinon le successeur de mon père. Je n'ai encore rien choisi, je n'ai pas fait ma vie de mes propres mains.

MÈRE. Ne sois pas si orgueilleux, Robert. Nous avons tous besoin de secours. Et qui a la liberté de faire sa vie de ses propres mains, comme tu dis?

ROBERT. Avec la chute de l'édifice familial, Gérard a réussi cela. C'était un départ.

MÈRE. Il n'a rien laissé de bon derrière lui, seulement des cœurs en ruine...

ROBERT. Et une maison et un bonheur en ruine... Tout s'est écroulé, même moi qui me croyais si solide!

PÈRE. Tu es solide. Si seulement tu arrivais à traverser ce moment de défaillance et d'épuisement… Sache que j'ai déjà connu cela, moi aussi, et je suis encore debout. Je te répète que tu as besoin de repos mais tu t'obstines à ne pas te reposer. Tu vois bien que tu aimes tes malades, que tu te trompes sur toi-même.

ROBERT. Je suis incapable d'aimer, comme vous me l'avez appris, une communauté sans visage. Je n'aime que les individus, tous ces êtres seuls ; ces êtres séparés et isolés de toutes parts. Je les aime parce qu'ils sont seuls et dangereux. Oui, chacun d'eux est aussi dangereux que Gérard, aussi avide d'espace, de liberté. Je n'aime que cette sorte d'êtres, papa, et ceux-là vous les méprisez.

PÈRE. Sors de cette dépression, mon fils, et revois un peu le passé. Cela a existé, cela était vrai. Il y eut un temps où vous avez tous été jeunes, beaux, heureux.

ROBERT. Je parle du présent…

MÈRE *(après un temps).* Je ne sais pas pourquoi vous devenez si amers en vieillissant. Quand je pense à toi, Robert, quand je te revois à dix ou douze ans, tu souris toujours, tu te lèves en chantant, tu cours dans les champs avec tes frères. Nous avions fait tant de sacrifices, ton père et moi, pour acheter cette maison de campagne, pour vous…

ROBERT. Mais maman, tu n'as donc rien remarqué ? Tu ne parles même pas de moi mais de mon frère Yves, il souriait toujours et se levait en chantant ; mais moi, j'étais maussade, très maussade parce que je passais mes vacances le nez dans les livres afin de rattraper mes frères pendant l'année scolaire. Je voulais les dépasser. C'était, même il y a longtemps, mon seul but…

PÈRE. Nous n'avons vu de tous ces efforts que les résultats et nous étions fiers de toi. Le résultat, je l'ai toujours dit, c'est tout ce qui compte… Je n'ai jamais été sévère pour les petits détails.

ROBERT. Comment être heureux quand on ne peut pas s'abandonner au bonheur animal de vivre tout simplement? Quand je me revois, à dix ou douze ans, c'est dans la mélancolie de cette détestable compétition fraternelle. De magnifiques journées de chaleur et de soleil passaient sur moi sans me toucher. J'étudiais avidement et sans plaisir. Mais quand je revois Gérard enfant, c'est l'animal que je n'ai pas eu le courage d'être que je revois…

PÈRE. Il courait au loin, il échappait déjà à mon regard. Les autres, je les gardais, je les protégeais. Mais lui était trop gai, trop vivant… On eût dit qu'il n'avait besoin de personne… C'est à peine s'il rentrait pour manger… *(temps)* Tu dois admettre, Robert, que vous étiez des enfants privilégiés. Si j'étais rigoureux pour vos études, je refusais de vous voir travailler pendant les vacances, comme font la plupart des étudiants.

ROBERT. Gardés, protégés, nous l'étions en effet dans notre île close.

PÈRE. Mais comme ta mère te l'a dit, ce n'était pas sans renoncement… Nous avons toujours sacrifié notre confort pour nos enfants…

ROBERT. C'est vrai, papa, que d'une certaine façon, par instants, on aurait pu dire que c'était cela, le bonheur. Quelle oisiveté dans nos âmes! Nous étions si peu préparés à affronter l'autre vie, celle qui continuait de l'autre côté de nos murs. Nos parents se sacrifiaient pour nous, mais comment aurions-nous pu en être conscients? Nous ne connaissions pas la lutte. Nous acceptions tout comme des présents mérités. Mon Dieu, que nous étions peu aimables pour que vous nous aimiez tant! Mais cette paresse des prisonniers bien nourris et sans gratitude ne serait pas éternelle. Un jour, il faudrait sortir de la luxueuse maison de campagne et plonger dans la vie réelle. Ce bain de souffrances nous attendait. Cela aussi notre père l'avait préparé pour nous.

PÈRE. À l'hôpital vous avez vite appris, tous les trois, à tour de rôle, ce qui se passait de l'autre côté du mur. Je crois que maintenant la souffrance humaine a moins de mystère pour toi. Tu ne la vois plus de loin, tu as cessé de l'imaginer. Tu agis en la soignant. *(temps)* Je vous ai donné une adolescence agréable avec l'espoir de vous voir un jour agir comme des hommes. Et c'est contre cette vie que tu te révoltes maintenant! Si j'ai un reproche à me faire, c'est de vous avoir peut-être un peu affaiblis dans le confort…

ROBERT. Dans la soie ou sur la paille, quand un homme doit se révolter, il le fait toujours…

MÈRE. Mais pourquoi se révolter, Robert, quand on a tout reçu de la vie comme toi et Gérard? Gérard nous a punis injustement, son père et moi. Sa mort est un châtiment.

ROBERT. Peut-être pas… Et s'il était encore vivant, maman?

PÈRE. Je ne veux plus le croire. Il ne vit que la nuit dans mes rêves. Il se débat contre les vagues, il crie, il appelle quelqu'un mais personne ne vient.

ROBERT. Il ne rit jamais, dans tes rêves?

MÈRE. Oui, j'avais oublié, il rit aussi… Tu te souviens, il riait très fort. C'est comme ça qu'il rit dans mes rêves…

PÈRE. Vous confondez vos rêves avec la réalité. Dans la réalité, Gérard n'est plus un être humain qui rit ou qui pleure. Il n'est plus rien. Un souvenir, c'est tout.

ROBERT. De toute façon, quand donc était-il un être humain pour vous? Quand donc a-t-il frémi, ri ou pleuré? Je me souviens encore de l'histoire du carnet intime…

PÈRE. Quelle histoire de carnet intime?

ROBERT. Ce carnet que j'avais donné à Gérard pour son seizième anniversaire, ce cahier que Gérard brûlait dans la cheminée, dans le rêve de maman…

PÈRE. Si tu commences à analyser tous les rêves de ta mère maintenant!

ROBERT. Ce rêve, nous l'avons vécu, papa. *(temps)* J'avais donc donné ce carnet à Gérard en lui suggérant d'y écrire son journal ou ses pensées intimes. À vous, cette suggestion semblait ridicule, et pourquoi? Parce que, selon vous, Gérard ne possédait aucune pensée personnelle. Il n'était qu'un être que vous aviez fait, indigne de penser seul…

PÈRE. J'ai simplement dit que je n'aimais pas les écrivains de journaux intimes. Et c'est vrai.

ROBERT. Non, vous lui avez imposé cette théorie à laquelle vous croyez toujours, cette théorie qui veut qu'un être seul soit un être complaisant, qu'il n'ait de valeur que lorsqu'il vit *au service des autres…* Vous avez nié sa liberté individuelle, ce jour-là. Et nous, la famille entière, nous n'avons rien dit, nous vous avons secrètement approuvé.

MÈRE. Tu parles de choses qui ne sont pas importantes, Robert…

ROBERT. Elles le sont pour moi.

PÈRE. Pourquoi toujours chercher de la gravité là où il n'y en a pas? C'est énervant, cette manie! Que veux-tu savoir exactement? Et qui es-tu pour toujours exiger ce que tu appelles *la vérité*? Tu n'est que mon fils, après tout…

ROBERT. Quelqu'un que vous avez nourri pendant des années, je sais. Il ne faut pas abuser de ce pouvoir… Tout ce que je vous demande, c'est de reconnaître que nous n'avons pas assez respecté mon frère quand il vivait encore parmi nous…

PÈRE. Pourquoi l'aurais-je respecté? C'était d'abord à lui de respecter son père. Quand on aime quelqu'un, on le respecte, c'est naturel. Lui, je l'aimais. C'était bien suffisant.

MÈRE. Mais aimer n'est peut-être pas si simple…

PÈRE *(après un temps)*. Une femme, une mère ne peut pas comprendre la relation qu'il y a entre un père et son fils. Quant à toi, Robert, tu ne peux pas comprendre non plus… J'avais mes raisons pour demander à Gérard d'éviter d'écrire son journal. Je n'ai jamais aimé la complaisance. Pourquoi l'aurais-je tolérée chez lui?

ROBERT. Parce que les pensées intimes de Gérard ne te concernaient pas.

PÈRE. Gérard était plus qu'un fils, il était un élève. C'est une satisfaction très rare pour un père… Ce penchant qu'il avait pour l'analyse de ses petites misères me déplaisait fort. Je jugeais cela prétentieux. C'était surtout une perte de temps pour un garçon déjà distrait dans ses études…

ROBERT. J'imagine alors que c'est l'éducateur en vous, le maître, qui imitait cyniquement le journal de mon frère? Souvenez-vous de cette moquerie paternelle, si innocente en apparence *(Il imite la voix de son père.)* J'ai vu un arbre, il était vert. En traversant la rue, j'ai rencontré un chien, il avait quatre pattes. C'était très amusant…

PÈRE. Enfin, mon garçon, c'était une plaisanterie innocente… Je voulais surtout vous amuser tous!

ROBERT. Quelle subtilité pour en arriver là!

PÈRE *(après un temps)*. Sois honnête, mon garçon. Tu ne penses pas, même aujourd'hui, que ton frère avait une seule pensée originale, je veux dire, née de lui seul et non empruntée à tous ces livres qu'il préférait à ses livres de classe? Ce n'était pas un poète, c'était un garçon qui avait les pieds sur terre…

ROBERT. Pourquoi ne pas dire que lui aussi, comme son père et son grand-père, avait des mains de chirurgien?

PÈRE. Ce n'était pas un artiste… Ce n'était pas…

ROBERT. Vous n'en savez rien! Lui aussi était unique, comme maman, comme moi…

MÈRE. Ne t'emporte pas encore, Robert…

PÈRE. Unique? C'est beaucoup dire… Il ne faut pas exagérer. Un être solitaire qui se penche sur ses problèmes ne peut pas être quelqu'un de fort. Gérard n'avait aucune raison de se pencher sur ses problèmes. Il n'en avait aucun.

MÈRE. Chacun a des problèmes, même un fils qui a tout reçu de la vie…

PÈRE. J'éprouve de l'hostilité à l'endroit de semblables idées, ce sont des idées de femme. J'ai fait tout ce que j'ai pu pour Gérard, j'ai essayé de l'aider à faire face à la vie comme un homme. Je n'ai rien à me reprocher.

ROBERT *(après un temps)*. Quel fond de malhonnêteté dans notre famille, sous une apparence si sereine! Autrefois, cette malhonnêteté transpirait déjà : pendant un repas, une fête, une promenade en mer… J'ai vécu si longtemps dans le mensonge, papa. Ça, je peux te l'affirmer sans contrainte. J'ai tant de choses à me reprocher… Je voudrais reconstituer avec toi la scène, l'heure, le moment précis de ce jour d'anniversaire où nous avons tous condamné, peut-être même sans le savoir, mon frère à sa perte…

PÈRE. Non, je ne veux pas. Je n'aime pas ce genre de jeu.

MÈRE. Que tout cela est effrayant, Robert!… Pourquoi nous entraînes-tu dans cet abîme?

Temps.

ROBERT. Il était midi, maman avait préparé un charmant déjeuner. Le soleil réchauffait la pièce, il y avait des fleurs sur la table, tout au bout de la table, comme d'habitude, papa coupait la viande… Nous, les fils, nous étions autour de lui, riant et bavardant…

Temps.

Passé.

On entend des éclats de voix, des bruits de vaisselle…

PÈRE. C'est idiot, Robert, d'avoir donné ce cahier à Gérard!

GÉRARD. Pourquoi pas? Il est temps que j'apprenne à penser un peu par moi-même moi aussi, papa…

PÈRE. Parce que tu es capable de penser… Parce que tu oses écrire, toi!

GÉRARD. Comme tout le monde, oui.

PÈRE. Quelle banalité! Vous êtes tous pareils, vous les adolescents… Mais tu n'as rien à dire, mon garçon.

GÉRARD. Vous ne le savez pas. Comment pouvez-vous deviner ce qui se passe en moi?

PÈRE. Je te connais tout de même un peu… Je voudrais bien voir ce que tu écris, toi qui n'as rien dans la tête. *J'ai vu un arbre aujourd'hui, il était vert… J'ai rencontré un chien, il avait quatre pattes!* Voilà ce que tu écriras dans ton cher cahier!

AUTRE FRÈRE. *Et j'ai vu une maison. Ses murs étaient de brique rose.*

Temps.

Présent.

ROBERT. Tout le monde riait. Que j'ai honte quand je pense à cette scène!

PÈRE. Pourquoi aurais-tu honte?

ROBERT. Parce que je n'ai pas défendu Gérard. Je n'ai même pas protesté.

MÈRE. Mais c'était une plaisanterie. Personne ne voulait être méchant avec Gérard…

ROBERT. C'est ce que vous croyez!… Alors, si nous n'étions pas méchants pourquoi a-t-il pleuré?

PÈRE. Il faut être délicat comme une fille! Pleurer pour si peu! Cet incident ne mérite pas d'être raconté. Je l'avais oublié, et je n'éprouve aucun plaisir à évoquer cette affaire.

ROBERT. La vérité, papa, c'est que nous étions jaloux. Vous plus que les autres. C'était menaçant pour vous, ce cahier, ce symbole. Gérard, le cadet, l'enfant docile dont vous rêviez, allait vous échapper par l'écriture. Gérard qui n'était pas même poète... Par pure complaisance, par égoïsme...

PÈRE. Je ne répondrai pas à cet indigne questionnaire.

ROBERT. Un être qui se découvre, c'est quelqu'un capable de se dicter à lui-même une conduite morale. C'est donc un fils que le père ne domine plus. Quelle grave menace à l'autorité et à l'amour!

PÈRE. Quand on aime son enfant, tous les moyens sont bons pour le préserver.

MÈRE. Je l'ai aimé, moi, et j'ai dû renoncer à lui très tôt. J'ai senti que je devais me mettre à l'écart de sa vie...

PÈRE. C'est différent pour le père.

MÈRE. Parce que tu l'as décidé ainsi.

ROBERT. Ce que papa refuse de comprendre, maman, c'est que l'amour peut tuer quelqu'un. L'histoire du cahier, ce n'était qu'un détail dans l'ensemble. Pourtant c'est peut-être ce détail qui l'a détruit. Quelque chose en nous a détruit Gérard, l'a repoussé. Mais quoi? Notre attitude générale ou une attitude particulière? Il vaut mieux, je pense, ne craindre aucuns de ces aspects...

PÈRE. Je n'ai pas détruit mon fils et tu n'as pas détruit ton frère. Une parole légère ne tue pas quelqu'un comme ce garçon... Et même si tu avais raison, Robert, ce n'est pas en m'accusant comme tu le fais et en t'accusant toi-même que tu ramèneras ton frère à la maison. Ce qui est terminé est terminé. Il ne faut pas chercher trop loin... Et puis, il y a quelque chose que je ne t'ai pas dit, Robert. Quelques heures avant de mourir, Gérard m'a parlé...

ROBERT. Mais ce n'est pas possible ! Gérard a quitté la table et nous ne l'avons pas revu. Il n'a pas eu le temps de parler à quelqu'un.

PÈRE. Il est venu dans mon bureau, après le dîner. Il avait besoin de mes conseils. Pour son avenir, m'a-t-il dit.

Temps.

Passé.

PÈRE. Pourquoi évites-tu toujours de me regarder ? Que t'ai-je fait pour que tu me traites en ennemi ? Je ne t'ai demandé de venir ici que pour parler de ton avenir. Tu n'as rien à craindre de moi.

GÉRARD. Ce n'est pas vous que je crains.

PÈRE. Mais quoi alors ? Mais qui ? Tu ressembles à un enfant égaré, à une bête sauvage, pourquoi ? Ne pouvons-nous pas nous parler comme des hommes maintenant que tu es un adulte ? J'ai tout fait pour ton bonheur. Pourquoi veux-tu quitter la maison ? Te manque-t-il quelque chose ? Je te le donnerai.

GÉRARD. Oh ! papa, je ne peux plus rien recevoir de vous tous… J'en suis incapable. Je meurs de honte tant j'ai reçu.

PÈRE. C'est curieux, cela, un enfant de l'abondance qui se plaint comme le dernier des misérables ! C'est un mal qui vient sans doute de tes lectures et de tes rêveries. Mais si tu travaillais pour l'humanité comme tes frères…

GÉRARD. Ne me parlez pas d'eux.

PÈRE. Ils ont choisi, ils ont su choisir, eux ! Et la médecine est une vocation active. Je ne demande pas le même choix de toi mais une forme quelconque d'activité. On ne peut pas passer sa vie à rêver comme tu le fais. À attendre un miracle… Les miracles, il faut les provoquer soi-même… Tu veux donc errer au fil de la vie ?

GÉRARD. Oui. N'importe quoi pour ne pas vous suivre, vous obéir, vous écouter…

PÈRE. Te laisser porter par ton ivresse ? C'est donc cela, ton but ?

GÉRARD. Je suis heureux quand je suis privé de tout, papa. Je ne peux pas vous expliquer…

PÈRE. Pourquoi aimerais-je te dépouiller, moi qui t'ai fait naître riche, cela au prix de mes propres efforts ? Moi, j'ai gagné mes études en suant sang et eau ! Pourquoi te laisserais-je vivre toutes les époques douloureuses de ma vie passée ? Qu'avons-nous d'autres que nos enfants pour nous racheter, dis-moi ?

GÉRARD. Peut-être que je serais plus heureux avec votre misère d'étudiant pauvre d'autrefois qu'avec la richesse que vous avez accumulée pour moi. Ce trésor mais cette dette aussi, papa… Je ne veux plus rien devoir à personne. Ne rien choisir… Vivre comme un vagabond… On est si bien…

PÈRE. J'ai peur pour toi. Les autres ne m'ont pas donné de soucis, mais toi, tu es une épreuve, une dure épreuve ! Enfin, ce qui me trouble le plus, c'est que tu as l'esprit confus comme beaucoup de gens de ta génération. Tu affiches une nonchalance qui me répugne, tu ne fait rien d'utile, tu es un produit stérile de l'humanité. Je te le dis franchement, cela m'offense. Tu es malade. Tu es à la fois différent des autres et comme tout le monde puisque tous tes camarades te ressemblent… On dirait que vous allez tous à votre propre extermination !

GÉRARD. Au moins, ce sera en s'amusant un peu. Vous oubliez que nous aimons beaucoup la vie.

PÈRE. Nous n'avons pas eu le temps, nous, d'aimer la vie et de nous abandonner à ces faiblesses. Voilà pourquoi nous avons construit quelque chose de positif. Mais vous, on se demande si vous avez une âme. Les gens de ton âge n'ont pas même le sens du renoncement. Tes frères ont tout de même su renoncer à ces tentations faciles. Pourquoi pas toi ?

GÉRARD. Nous ne sommes pas de la même race, eux et moi.

PÈRE. Oui, ils sont faits de pierre et toi… de… de… je ne sais pas de quoi!

GÉRARD. Vous pouvez dire que je suis déjà dissous si cela vous plaît. Je n'ai aucune pensée originale, comme vous le croyez tous. C'est possible. Mais ma vie est à moi et vous n'y toucherez pas. Je crains d'être indifférent à tout ce que représentent votre monde et celui de mes frères…

PÈRE. À quoi donc es-tu sensible?

GÉRARD. Aux amis, aux camarades, à tout le monde. Je ne cherche pas à comprendre les gens, comme mon frère Robert. Je les regarde, et les observe, ils m'intéressent en tant qu'individus.

PÈRE. Dis plutôt que votre molle chaleur vous a fait fondre les uns dans les autres. C'est une fraternité hors du monde…

GÉRARD. Nous n'avons plus beaucoup d'illusions. Tous les dangers nous guettent. Et après?

PÈRE. Et dire que j'ai tout fait pour t'éviter ce sentiment, cette illusion que tout est menacé…

GÉRARD. À quoi bon, papa? À l'intérieur de notre maison surtout, c'était le passé avec ses joies familiales et son confort. Mais pourquoi cette préparation sinon dans la perspective d'une vie honnête et longue. Et comme nous n'aurons pas une vie honnête et longue, rien de ce que j'ai appris à la maison n'est vrai… Rien n'assure notre existence en ce monde, rien, ni Dieu ni les hommes. Il ne faut avoir confiance qu'en soi-même. La bonté des hommes, quand elle vous est accordée, est un don exceptionnel…

PÈRE. Ah! mon garçon, si c'est ainsi que tu raisonnes, tu es perdu…

Temps.

Présent.

PÈRE. Oui, Robert, ce soir-là, ton frère m'a écouté. Il m'a dit qu'il renoncerait à sa folie du vagabondage et qu'il se remettrait sérieusement à ses études.

ROBERT. C'est là une scène que vous avez imaginée pour vous rassurer. Gérard était impulsif, il n'a pas songé un instant à demander conseil à quelqu'un. Il devait partir, c'est tout.

MÈRE. Pourquoi être si impatient de partir quand c'est la mort qui vous attend? *(temps)* Si seulement nous avions trouvé son corps, si seulement nos avions une preuve qu'il a existé. Pour moi, c'est encore incroyable. Quand je pense à lui, je le revois dévorant son dîner avec appétit. Ce qu'il avait faim, ce soir-là! Le matin, je l'avais vu courir avec son chien sur la plage. Puis, tout disparaît, tout s'évanouit. Il ne reste rien...

Temps.

Passé.

GÉRARD. Où vas-tu Gérard? Il y a trop de vent pour sortir ton bateau...

GÉRARD. Je n'aime pas les mers calmes.

MÈRE. Reviens, Gérard... Reviens...

GÉRARD. Ne sois pas inquiète, maman...

MÈRE. Gérard... Gérard...

Temps.

Présent.

MÈRE. Il ne reviendra plus. Il est trop tard. Tu étais son frère, Robert, mais tu n'étais pas son ami. Si tu avais été son ami, tu l'aurais empêché de partir ce soir-là. Tu aurais peut-être trouvé une parole généreuse. Une parole réconfortante à lui dire. Tu aurais compris ce qui tourmentait son cœur...

ROBERT. Je ne pouvais pas le réconforter car je ne l'aimais pas. En lui donnant ce petit cahier, le jour de son anniversaire, mon intention secrète n'était-elle pas de le voir s'humilier devant nous tous? Parfois je pense que j'étais emporté par un besoin de le dominer, de le terrasser. J'étais son aîné, j'étais puissant. Oui, je le méprisais de la même façon que mon père.

PÈRE. Ce n'est pas vrai.

ROBERT. Je n'étais pas charitable envers lui. J'aimais le voir souffrir…

PÈRE. L'amour et la charité ne sont pas des choses si spontanées, après tout. Vous étiez parfois fâchés l'un contre l'autre. Mais pourquoi pas? C'est normal entre frères..

ROBERT. C'est toujours ce que l'on dit. Tout est normal entre frères. La haine, le mensonge, tous les poisons quoi! Entre hommes aussi, cela devient normal. À la fin nous devenons tous des criminels sans même le savoir.

PÈRE. Écoute, Robert, tu es troublé, tu te sens responsable de la disparition de ton frère. Ce fut un grand choc, nous comprenons, ta mère et moi. Mais de là à t'accabler de tous les péchés du monde… Ne sois pas déraisonnable, pense à nous, à ta femme, à tes enfants. Soigne ta santé, ta santé mentale s'il le faut, mais ne te perds pas ainsi dans tes tortures intérieures!

MÈRE. Moi aussi, je pense parfois que nous sommes tous responsables.

PÈRE. Vous délirez, tous les deux!

ROBERT. Mes tortures intérieures, comme tu les appelles, papa, ne m'ont pas beaucoup torturé jusqu'à maintenant. Je m'en libérais sur les autres, sur mon frère Gérard en particulier. J'étais ravi de voir ce membre dissolu qui troublait l'ordre à ma place… Je ne demandais pas mieux… Pendant ce temps, j'avais une vie tranquille.

PÈRE. Une vie tranquille, c'est déjà bien… C'est une décision intelligente. Tu étais plus aimable quant tu te tourmentais moins, crois-moi. Mais depuis que tu plonges dans ta conscience pour nous en montrer tous les fantômes, je me sens malade pour toi…

ROBERT. J'ai remis ma vie en question, c'est tout.

PÈRE. Et après? Dans quel but? Où cela te mènera-t-il, dis-moi?

ROBERT. Je ne sais pas encore.

PÈRE *(après un temps)*. Même si tu as des remords, c'est inutile. Ton frère ne t'entend plus. Tes remords ne peuvent plus l'émouvoir. Nous avons tous des petits actes lâches à nous reprocher. Mais il faut s'accrocher à ce qui nous reste, à la réalité. Si tu te perds comme tu le fais maintenant, que deviendras-tu, toi aussi? Une épave, Robert, comme Gérard. Je ne puis supporter d'avoir deux enfants qui glissent ainsi dans le néant pour rien, sans aucune raison sérieuse. C'est difficile de vivre, oui, mais c'est difficile pour tous. Nous avons souffert avant vous. L'humanité est plus vieille de remords que tu ne l'imagines. Et nous ne périssons pas encore sous le poids de nos fautes. Accroche-toi aux quelques beaux souvenirs que tu as de ton enfance, de ta vie. Accroche-toi désespérément ou tu suivras cette pente fatale, comme lui! Peut-être que vous partagez tous les deux, sans le savoir, comme une malédiction, cette tristesse viscérale. Lui a succombé parce qu'il était faible. Mais toi, tu es fort. Tu dois te relever et songer à tes enfants, à tes malades. Que deviendraient-ils sans toi?

ROBERT. Ils continueraient de souffrir et de mourir comme ils le font maintenant.

PÈRE. Peut-être que tu leur donnes quelque chose et que tu ne le sais pas… J'ai dû me répéter cela toute ma vie et finir par le croire. Toi aussi, tu réussiras. Tu réussiras ta vie, mon fils!

ROBERT. Mais on peut toujours réussir, papa, dans la vie. Seulement qu'ai-je vécu jusqu'ici? *(temps)* La disparition de Gérard est le seul événement de mon existence… C'est un événement qui détruit toutes mes convictions. Qui détruit tout ce que j'étais avant et tout ce que vous aviez mis en moi.

PÈRE. Tu n'aimes donc plus ta femme et tes enfants? Enfin, nous les aimons bien, nous!

ROBERT. Oui, je les aime.

PÈRE. Alors?

ROBERT. On dirait que j'ai aussi autre chose à faire dans la vie que d'aimer ma famille et de vivre pour elle comme vous avez vécu pour nous. Où cela me conduira-t-il? À former des êtres pour ma seule vanité? À entretenir en eux ce même orgueil familial qui ferme les portes à tout ce qui vit dehors? À engendrer parmi eux l'assassin qui détruira un jour le révolté de la famille comme nous l'avons fait avec Gérard?

MÈRE. Il vaut mieux peut-être prendre tous ces risques que de ne pas en prendre du tout… Moi, j'ai mon fils Gérard au monde. C'est tout ce que j'ai fait pour lui. Aujourd'hui, s'il devait renaître, j'agirais différemment à son endroit. Je pense que je prendrais des risques.

ROBERT. Moi aussi, maman. J'imagine, comme toi, que tout serait différent s'il revenait… Mais après quelques mois avec lui, je serais rassuré et toi aussi. La mort, le mystère, la fuite, tout ce que nous imaginons maintenant entre lui et nous, tout cela n'existerait plus. Alors le même drame recommencerait. Je lui parlerais encore d'un ton supérieur, je me moquerais de lui, je le tuerais lentement.

PÈRE. Tu ne l'as pas tué! Tu entends? Tu étais sévère, c'est tout.

ROBERT *(après un temps)*. Son ardeur m'amusait, sa joie de vivre m'exaspérait. Il aimait toutes les femmes et je n'étais fidèle qu'à une seule. Il n'avait pas peur du scandale et j'avais peur de tout.

Mais lorsqu'il était timide, je devenais invulnérable, cruel. Il me parlait de ses visions apocalyptiques du monde et moi, je lui parlais de l'hôpital, de mon travail humanitaire, de la beauté de mes enfants, de ma prospérité croissante. Rien ne m'atteignait. Je vivais dans un autre univers. Je lui disais qu'il manquait d'idéal et lui, il me répétait qu'il n'était qu'une plante, qu'un animal, qu'il voulait connaître la faim avec les affamés, qu'il ne cherchait pas à être épargné d'aucune façon. Je croyais que c'était un jeu. Je lui ai même dit qu'il était un poids mort dans notre société, un mutilé dans notre famille saine.

PÈRE. Ce qu'il était de toute façon…

ROBERT. Je sens bien, à vos paroles, que rien ne change…

PÈRE. Vous aviez des différences de caractères. Pourquoi pas ? C'est banal.

ROBERT. Et s'il revenait ce soir, papa, et s'il frappait soudain à la porte ? N'aurait-il pas honte de nous revoir si peu transformés ?

On frappe à la porte.

Toute cette scène se passe dans l'imagination des trois personnages mais on peut aussi penser qu'elle est réelle.

Le père va ouvrir la porte.

PÈRE. Te voilà, toi. Nous ne t'attendions plus. Nous parlons sans cesse de toi depuis ton départ. Ta mère et ton frère sont là. Viens, enlève ton manteau mouillé… Tu sembles venir de si loin…

GÉRARD. Oui, je viens de loin, je suis fatigué.

PÈRE. Viens… restons seuls un moment. Rien ne presse pour rejoindre ta mère et ton frère. Je téléphonerai à tes autres frères plus tard. Nous n'avons jamais été seuls, tous les deux.

GÉRARD. Non, jamais.

PÈRE. En toute une vie ! Quand je pense que tu as été assez fou… assez insensé pour…

GÉRARD. Oui, pour partir comme ça un soir, sans un mot…

PÈRE. Sans un mot, sans un geste. Je crois que c'est cela que je te reprochais le plus.

GÉRARD. J'étais trop furieux.

PÈRE. Pourquoi furieux? Enfin, ne me le dis pas tout de suite. Nous avons du temps maintenant pour les choses désagréables et pour les aveux. Et puis, je ne veux plus rien savoir, j'ai changé… Oui, même si tu ne le crois pas. Ton frère pense que je ne change pas mais je change comme tous ceux qui réfléchissent. Et tu m'as fait réfléchir… J'ai oublié de te dire que ta mère a été très malade…. Nous avons eu peur pour elle… Mais toi, mon garçon, tu n'as pas bonne mine, tu as un air que je n'aime pas trop. C'est la vie qui t'a tellement usé?

GÉRARD. C'était peut-être une mauvaise vie pour toi, papa. Mais pour moi, c'était bien.

PÈRE. Maintenant que tu as traversé cette névrose de fils de médecin devenu voyou, car permets-moi de te dire que c'est une véritable névrose, maintenant que tu es de retour, pourquoi ne pas te remettre sur la bonne voie comme les autres?

GÉRARD. Quelle voie?

PÈRE. Ton avenir, Gérard, tu n'y penses jamais? Que dirais-tu de songer sérieusement à tes études maintenant? Il serait temps… tu ne trouves pas? Ah! mais voici ta mère. Elle voudra sans doute être seule avec toi. Je te laisse avec elle mais ne pars pas tout de suite. Nous n'avons jamais le temps de parler, toi et moi.

Temps.

MÈRE. Oh! Gérard, mon petit garçon! Enfin, tu es de retour…! J'ai toujours pensé que tu reviendrais. Personne ne le croyait sauf moi. Et peut-être aussi Robert. Il ne savait pas qu'il t'aimait. Il t'aime maintenant. Nous t'aimons. Nous t'acceptons tel que tu es.

N'est-ce pas ce que tu désirais plus que tout ? C'est l'eau de la mer qui a poli ainsi la peau de ton visage ? C'est contre les rochers que ton corps est devenu tout brisé… ?

GÉRARD. Pauvre maman, je suis une épave…

MÈRE. Peu importe, tu es là. Je te vois. Je te serre dans mes bras comme quand tu étais petit. Tu n'aimais pas ton lit bien chaud et tu l'as quitté. Tu n'aimais pas la table toujours prête pour toi, tu l'as aussi quittée. C'était ta décision et je ne pouvais rien dire. Mais ce qui me manquait le plus, c'est de t'entendre rire dans la maison. Tu avais une grosse voix et tu riais plus fort que les autres. Quand tu jouais aux échecs avec tes frères, tu perdais toujours. J'étais même fière de toi à cause de cela. J'en avais enfin un qui perdait toujours, qui ne réussissait rien. Mais je ne pouvais pas te le dire, à cause de ton père. Tu comprends, n'est-ce pas ?

GÉRARD. Si tu me l'avais dit, je n'aurais peut-être pas voulu partir.

MÈRE. As-tu faim ? As-tu sommeil ?

GÉRARD. Oui, très faim.

MÈRE. Je voudrais dîner seule avec toi, ce soir. Mais à cause de ton père…

GÉRARD. Et Robert, il va bien ?

MÈRE. Non, il est inquiet. Ton départ l'a beaucoup torturé, tu sais. Tu ne penses pas parfois que c'est un crime contre nous tous ce que tu as fait ? Ah ! mais voici Robert, je te laisse avec lui. Il veut tellement te voir, lui aussi.

Temps.

GÉRARD. C'est moi. Qui aurait cru que je reviendrais ?

ROBERT. Maintenant que tu es là debout devant moi, je ne trouve plus les mots…

GÉRARD. Tu voulais me parler ?

ROBERT. Oui, mais ce serait trop long à t'expliquer. J'imagine que tu ne seras pas longtemps parmi nous.

GÉRARD. Non, je dois partir dans quelques instants. Un copain m'attend dans sa voiture. Il est ivre mort et je dois le ramener chez lui.

ROBERT. Je vois que tu as toujours les mêmes amis.

GÉRARD. Je ne suis pas rigoureux comme toi avec les gens… J'aime tous ceux qui me parlent. Ceux à qui je parle aussi.

ROBERT. Tu ne choisis jamais? Tu ne penses jamais à la qualité des êtres?

GÉRARD. Non, car quand on cherche la qualité, on ne trouve rien… C'est aimer avec des conditions et des lois. Je n'aime pas cette sorte d'amour.

ROBERT. Moi, je ne sais pas ce qui m'arrive… Depuis ton départ je n'aime plus personne. Je voudrais changer de peau et on dirait que je n'en ai pas la force.

GÉRARD. Tu devrais tout quitter et venir avec moi…

ROBERT. Et ma femme? Et mes enfants? Et notre père? Tu sais, nos parents vieillissent; nous avons des devoirs envers eux.

GÉRARD. Et tes devoirs envers toi-même, tu n'y penses jamais?

ROBERT. Non, parce que j'ai une existence stupide. Je travaille jour et nuit.

GÉRARD. Je te ferais découvrir une autre vie, un autre monde…

ROBERT. J'ai déjà un peu perdu le sens de mes obligations, à cause de toi. Je t'en prie, tais-toi. Chacun de nous a sa route déjà tracée. La tienne est une forêt vierge, tu peux t'y perdre, tu es très jeune. Pour moi, c'est différent: je me sens trop responsable de ma famille.

GÉRARD. Le monde est aussi ta famille…

ROBERT. C'est vrai. Une famille plus froide, plus lointaine…

GÉRARD. Tu te moquais de moi autrefois quand je te disais que tout ce qui arrive de bien dans la vie se fait par choc, par rupture brutale. Je pense encore que c'est vrai. Tu ne pourras jamais grandir et t'épanouir si tu t'enfermes dans ton foyer, si tu ne penses qu'à tes devoirs sociaux. Tu comprends ce que je veux dire ? Ton existence actuelle est une mort lente…

ROBERT. Autrefois je ne te croyais pas quand tu me parlais de cette façon. Mais maintenant je doute de tout… Tu oublies que je ne suis pas comme toi, j'ai besoin d'équilibre et de certitude.

GÉRARD. Avec moi, tu ne serais jamais à l'abri mais tu serais accueilli partout. Tu ne pourrais pas toujours manger à ta faim mais d'autres partageraient leur pain avec toi.

ROBERT. Tu ne vois donc pas qu'il est trop tard ! Enfin, regarde-moi ! Je suis quelqu'un de respectable comme notre père. Ce n'est pas si simple de se dépouiller de son masque… Pour toi, la vie est trop simple. Tu nies la complication de l'existence et pourtant elle existe. Car même si tu le nies, notre père a le droit d'exister autant que toi… Moi aussi… Pourquoi es-tu intolérant ?

GÉRARD. Ne te mets pas en colère. Viens dehors, nous allons marcher un peu près de la mer. Ensuite, je partirai et je ne te reverrai plus.

ROBERT. Il y a du brouillard…

GÉRARD. À deux, il n'y a rien à craindre. Je connais tous les sentiers entre les rochers. Tu te souviens, quand nous étions jeunes nous sautions d'un rocher à l'autre, d'un précipice à l'autre et les vagues nous remuaient sous les pieds. C'était effrayant mais nous n'avions peur de rien.

ROBERT. J'étais donc aussi audacieux ? C'est étrange, je croyais n'avoir vécu autrefois que pour mes études.

GÉRARD. C'est que tu as un peu oublié…

ROBERT. Alors, tu viens? Nous ferons comme autrefois. Ce n'est pas le brouillard qui va nous effrayer..

Temps.

Présent.

PÈRE. Mais où est Robert?

MÈRE. Il voulait sortir un moment. Il avait besoin d'air.

PÈRE. Sortir à cette heure? Mais pourquoi? Bon, c'est bien. Je vais l'attendre.

L'Envahisseur

L'Envahisseur *a été créé à l'émission* Premières *de la radio FM de Radio-Canada, le 22 septembre 1972, dans une réalisation de Madeleine Gérôme.*

Personnages
   Marthe
   Joseph
   Un passant

*C'est la fin d'un jour d'été... Sur la ferme de Joseph, Marthe, sa
femme...*

MARTHE. On dirait que la belle saison est finie et que le vent
d'orage va bientôt se lever. Dis donc, mon mari, qui est cet
homme là-bas, appuyé contre la clôture, son chapeau à la
main?

JOSEPH. Je ne l'ai jamais vu autour d'ici. Un étranger, sans doute. Il
y en a beaucoup qui viennent se promener le dimanche.

MARTHE. Des rêveurs, des gens qui reniflent le paysage, je ne les
aime pas trop. On croirait qu'ils nous épient comme des rats
cachés dans le foin.

JOSEPH. Faut toujours que tu te méfies. Ce n'est pas chrétien, ça!
Tu as entendu le sermon de monsieur le curé? Il a dit que nous
n'avions pas le cœur assez large et que les cœurs étroits comme
des aiguilles n'entrent pas au paradis.

MARTHE. Ce n'est pas ce qu'il a dit. Tu n'as pas bien écouté, comme
d'habitude. Toi, c'est simple, dès que tu vois quelqu'un qui n'a pas
le visage éclairé comme un soleil, dès que tu vois un malheureux,
c'est pour l'inviter chez nous, lui donner notre pain, ta pipe, tes
chaussettes. Le bon Dieu n'a pas dit de donner nos entrailles aux
autres. Tu te trompes, mon mari. C'est comme ça qu'on est toujours aussi pauvre.

JOSEPH. Nous avons bien assez. Nous pouvons inviter quelqu'un à manger chez nous.

MARTHE. Non, je ne veux pas de cet homme dans ma maison. Les autres mendiants, je les reconnaissais, ils venaient des villages voisins, mais celui-là me fait peur. D'abord, il est trop bien habillé pour venir chez nous. Et puis, c'est un orgueilleux, il prend des airs supérieurs.

JOSEPH. Tu juges trop vite, ma femme.

MARTHE. Non, je me sers de ma raison, c'est tout. Tiens, la nuit dernière, j'ai rêvé que la tempête emportait tous nos biens, la ferme, les enfants, toi. C'est ce qui nous arrivera un jour avec les étrangers que tu laisses entrer et dormir sous ton toit à toute heure.

JOSEPH. Je n'ai jamais entendu dire que la charité apportait le malheur.

MARTHE. La charité n'apporte pas le bonheur, non plus. Tu te rappelles ce petit vieux que tu avais laissé dormir dans la grange au printemps. Le lendemain matin, il est parti avec ta faucille…

JOSEPH. C'est donc qu'il en avait besoin.

MARTHE. Ah! On ne peut pas te parler comme à quelqu'un qui raisonne! Qui a dit que la charité, c'était d'oublier sa femme, ses enfants et même la nourriture que le père met le soir sur la table, hein?

JOSEPH. Quand c'est le cœur qui le dit, il faut l'écouter.

MARTHE. Des histoires de fou!

JOSEPH. Prépare le souper. Dis aux enfants de se laver. Je vais inviter l'étranger à manger avec la famille. C'est quelqu'un qui a voyagé pendant des nuits et des jours. Il a sans doute très faim et très soif.

MARTHE. Il est jeune, presque beau garçon. Les vieux, les laids, les malades, je comprends, mon mari, mais un homme vigoureux, un insouciant comme ce garçon, pourquoi l'accueillir chez nous quand toutes les femmes du village en voudraient avant nous ? Regarde la bouche de cet homme : c'est la bouche de quelqu'un qui ne pense qu'à ses plaisirs. En un coup de dent il peut dévorer notre pain.

JOSEPH. Et puis après ? Nous sommes tous frères quand nous avons faim.

MARTHE. Joseph… Joseph, reviens ici, il ne faut pas inviter cet homme chez nous !

Temps.

PASSANT *(entrant dans la maison).* Merci de m'accueillir chez vous, madame.

MARTHE. C'est l'idée de mon mari : il pense que vous avez faim. Moi, je n'en suis pas si sûre.

JOSEPH. Ne faites pas trop attention, monsieur. Ma femme est franche mais c'est un cœur net comme l'or.

PASSANT. L'or qui n'est pas toujours net…

MARTHE. Que venez-vous faire par ici ?

JOSEPH. Pourquoi ne pas nous laisser seuls un moment, Marthe, pendant que tu prépares le souper ?

MARTHE. Je veux avoir l'œil ouvert sur ce qui se passe dans ma maison. Avec toi, on ne sait jamais ce qui nous attend.

PASSANT. Vous avez raison. Après tout, je pourrais être un ravisseur d'enfants, un voleur… On ne sait jamais, un meurtrier même.

JOSEPH. Mais vous n'êtes rien de tout ça, hein ?

PASSANT. Connaître quelqu'un comme moi, c'est une aventure, vous verrez.

MARTHE. C'est vrai que je suis franche. Je n'aime pas votre visage et je vous le dit dans les yeux. D'habitude, je vois tout ce qui est écrit dans un visage comme dans l'eau claire.

PASSANT. Alors, cette fois, que voyez-vous?

MARTHE. Rien de bon. Vous êtes jeune mais on dirait que votre vieillesse a commencé à vous ronger, sous la peau. Vous souriez avec douceur mais il y a de la méchanceté sur vos lèvres.

PASSANT. C'est donc un être en pleine décomposition que vous avez sous les yeux? Un être qui sent la mort?

MARTHE. On dirait que oui. Je sens que vous allez abuser de la bonté de mon mari et je vous déteste.

JOSEPH. Voyons, Marthe, pourquoi te mets-tu en colère, je suis bien capable de me défendre tout seul.

MARTHE. Non, t'es trop bête. D'abord, monsieur, comment vous appelez-vous? D'où venez-vous?

PASSANT. Je traversais la campagne en train et j'ai décidé de m'arrêter là. C'est un endroit si paisible : je n'ai pas pu résister.

MARTHE. C'est donc que quelqu'un vous poursuit, que vous avez commis une mauvaise action pour venir si loin… Vous parlez peut-être comme un seigneur mais il y a du poison dans vos paroles…

PASSANT. Non, personne ne me poursuit. Mon habitude est plutôt de poursuivre les autres. Quant à mes paroles, si elles ne vous plaisent pas, vous n'avez qu'à ne pas les écouter, c'est facile.

MARTHE. Ne soyez pas inquiet, mon mari les écoutera bien, vos paroles. Il écoute toujours pour deux et les histoires des autres ne l'ennuient jamais! Comme si on n'avait pas assez de notre propre vie! Moi, je vous laisse. J'ai mes enfants à surveiller.

JOSEPH. Elle ne change pas. C'est une mère avant tout.

PASSANT. Oui, mais vous êtes bien différent. Vous restez lié à votre famille, bien sûr, mais cela ne vous empêche pas d'être l'ami de tous les hommes, n'est-ce pas?

JOSEPH. C'est la vérité même. Mais ma femme ne comprendra jamais.

PASSANT. Je vous comprends, moi. Je suis l'ami de tous.

JOSEPH. Je suis bien content de connaître quelqu'un de compréhensif. C'est rare, vous savez. Vous me parlerez peut-être de vos voyages, hein, de votre vie, de tous les souvenirs qui vous traversent l'esprit? Moi, je n'ai jamais quitté mon champ, alors, les voyages, les aventures des autres, ça me réchauffe, vous saisissez?

PASSANT. Je vois… Mais pourquoi n'êtes-vous pas un homme satisfait? Vous êtes comblé, après tout. Je regardais l'étendue de votre champ, pendant que votre femme vous parlait. C'est un champ trop vaste pour vous, vous ne trouvez pas?

JOSEPH. C'est un petit champ. Vaste, non, on ne peut pas dire…

PASSANT. J'ai remarqué que vous avez aussi plusieurs chèvres, plusieurs vaches…

JOSEPH. Oui, et aussi quelques moutons.

PASSANT. Alors, de quoi vous plaignez-vous?

JOSEPH. Quand je pense à ceux qui n'ont rien dans le monde, je ne me plains pas. Mais une femme, des enfants, c'est exigeant…

PASSANT. Je suis de ceux qui ne possèdent rien en ce monde, et voyez, je ne suis pas triste, moi!

JOSEPH. Vous avez pourtant un beau costume…

PASSANT. Mais je ne possède rien d'autre. Si j'avais une parcelle de votre champ, je serais heureux.

JOSEPH. L'important, vous savez, c'est d'avoir autour de soi pas seulement de l'herbe ou de la terre, mais des âmes qui pensent à vous chaque jour, des gens qui vous aiment. Tout le reste n'est rien.

PASSANT. Quelle chance vous avez ! Vous êtes l'homme prospère, et moi le pauvre. Je ne demandais pourtant presque rien à la vie…

JOSEPH. Mais ne vous découragez pas. On pourrait peut-être partager un peu…

PASSANT. Partager votre champ ?

JOSEPH. Mais je ne veux pas faire de peine à ma femme. Au printemps, j'ai donné une faucille à un petit vieux qui passait. C'était plus fort que moi. Elle me le reprochera jusqu'à la fin de ses jours. Qu'est-ce que vous voulez, c'est une vraie femme. Il faut qu'elle veille à tous ses biens comme à des trésors.

PASSANT. Et vous, si j'ai bien compris, vous les dilapidez follement ?

JOSEPH. Non, mais j'ai un rêve à réaliser avant de mourir.

PASSANT. Un beau rêve de fraternité… Ah ! je vois. Comme je voudrais vous aider à le réaliser, et cela sans tarder, aujourd'hui même. Je vous approuve de croire en la générosité infinie de chaque être vivant. Pourquoi une maison serait-elle un lieu de repos froid comme la tombe ? Donnez et vous recevrez… J'accepte ce morceau de votre champ. Je n'oublierai jamais votre geste. Vous êtes un brave homme, Joseph.

JOSEPH. Oh ! mais attendez, il faut que j'en parle d'abord à ma femme…

PASSANT. Ce n'est pas même nécessaire, on s'arrange toujours mieux entre hommes.

JOSEPH. C'est que nous nous respectons fort, elle et moi. Il y aura bientôt quinze ans que nous sommes mariés.

PASSANT. Dites plutôt que vous êtes enchaînés l'un à l'autre.

JOSEPH. Nous avons cinq bons enfants. Nous sommes contents. Nous ne manquons de rien.

PASSANT. Et vous me refuseriez cette parcelle de votre champ ? Vous seriez aussi avare ?

JOSEPH. Non, je ne vous la refuse pas. C'est pas mon habitude de refuser à ceux qui n'ont rien ou qui ont moins que nous autres. Mais taisons-nous, voilà ma femme qui revient avec les enfants.

Temps.

JOSEPH. Pourquoi as-tu ton regard sévère, Marthe?

MARTHE. Parce que je lis sur ton visage que tu as encore fait une bêtise.

JOSEPH. Moi?

MARTHE. Oui, ne mens pas. Voilà que cet homme que tu n'avais jamais vu de ta vie a avalé tout notre souper et celui des enfants, voilà qu'il est parti dormir dans la grange avec ce mauvais sourire que je n'aime pas… Qu'est-ce que tu lui as encore donné, à ce voyou?

JOSEPH. Presque rien, tu sais. J'ai dit que je lui permettais de travailler à mes côtés quelques jours sur mon coin de terre. Pour l'aider à repartir, tu comprends. C'est un coin du champ que je n'avais pas le temps de cultiver moi-même. Alors ça nous aidera. Il a même refusé d'être payé comme tout le monde.

MARTHE. Un jour, c'est tout ton champ qui s'en ira. Crois-moi, mon mari, avec lui, ce voleur rempli de mensonges et de vilains sourires, ce ne sera pas long. Il va nous ruiner.

JOSEPH. On ne ruine pas ceux qui ne possèdent à peu près rien, voyons, Marthe.

MARTHE. Tu me décourages, mon mari. Je te dis que cet homme est aussi dangereux que du feu dans la paille et tu me sors toutes tes phrases pour m'adoucir. Tu seras toujours aussi têtu et bon, même si c'est pour notre malheur!

JOSEPH. Donnons-lui au moins une chance comme à n'importe qui. Chaque homme mérite sa chance.

MARTHE. Il n'est pas comme les autres : c'est un envoyé du diable lui-même, et puis un instruit. Tu as vu, les enfants l'écoutent comme s'il était le bon Dieu. Il peut raconter n'importe quoi. On le croit toujours.

JOSEPH. Demain matin, il viendra pour le déjeuner. Puis il s'en ira avant l'heure du midi travailler dans son champ. Ne sois pas inquiète, Marthe, ce n'est pas un ouvrier qui travaille pour moi qui changera notre vie.

MARTHE. Tu vois, tu as dit *son champ*, parce que les choses que tu possèdes lui appartiennent. Déjà, tu nourris dans ta maison un voleur. Un jour, à cause de lui tu iras mendier sur les routes.

JOSEPH. Je te promets de ne plus rien lui donner. Tu seras calme, maintenant ?

MARTHE. Non, je te connais, Joseph. Cet homme-là est plus noir que la nuit et je le connais aussi. Ce soir, il accepte de dormir dans la grange ; demain soir, il dormira dans la maison. Bientôt il te chassera de ton propre lit et de ta propre maison…

JOSEPH. Ce n'est pas un fauve quand même, c'est seulement un homme…

MARTHE. Un homme avec des appétits pareils, c'est un fauve…

JOSEPH. Parce que tu n'as pas la foi !

MARTHE. Un homme de Dieu dans la famille, c'est bien suffisant, mon mari. Moi, je veux appeler les choses par leur nom. Quand quelqu'un vous mange et que ses dents se plantent dans la chair comme des crocs, ce n'est plus un homme que je vois mais un lion qui dévore sa proie.

JOSEPH. Ce que je sais, c'est que je n'ai pas peur de cet homme, moi. Toi, tu le crains comme l'enfer.

MARTHE. C'est vrai. Et j'ai mes raisons pour le craindre. Mais j'en ai assez de te parler. Je vais monter coucher les enfants. Ferme la fenêtre, Joseph. Le vent va souffler très fort toute la nuit.

Temps.

MARTHE. Je te l'avais bien dit qu'il resterait longtemps parmi nous. Depuis trois jours, il mange gloutonnement à notre table ; et depuis trois nuits, il dort dans notre maison comme un roi.

JOSEPH. Je ne peux pas le chasser. Il travaille bien. Et puis, je n'ai rien à lui reprocher. Je le trouve juste un peu fier.

MARTHE. Rien à lui reprocher ! Mais tu es aveugle. Depuis qu'il est là, autour, tu vas chaque matin sur ta terre en tremblant. Tu n'es plus le maître ici, ton âme meurt à petit feu…

JOSEPH. Je ne tremble pas, ma femme. C'est que cet homme fait tout mieux que moi. Je le regarde avancer dans mon champ comme le propriétaire et je n'ose plus bouger… C'est drôle, je ne peux pas t'expliquer…

MARTHE. Tu peux bien te laisser voler la peau sur les os et le sang dans les veines, si tu veux ! C'est lui qui cultive ton champ. Avant, il dormait sur la paillasse de la cuisine. Hier soir, il a encore réussi à agrandir son territoire maudit. Jean-Louis, qui est aussi faible que toi, lui a laissé son lit et a dormi sur la paillasse. Comprends-tu enfin ? Les enfants n'osent plus manger quand il est là, tout disparaît par sa bouche hypocrite aux belles lèvres gourmandes ! Quelle honte, Joseph, d'avoir permis à un assassin de franchir ta porte !

JOSEPH. Qui a dit que c'était un assassin ? Les assassins, il n'y en a pas beaucoup dans le monde. Il y a surtout des malheureux. Et même s'il n'était pas honnête comme toi et moi, Marthe, il faudrait quand même l'accueillir chez nous.

MARTHE. Tu seras puni, pour avoir été trop bon, le jour du jugement dernier et peut-être même avant. Il y a un purgatoire pour les gens bons comme toi. On te demandera ce que tu as fait de tous les biens que tu avais reçus en naissant et tu répondras : « Un inconnu au visage cruel me les a tous pris et j'ai accepté sans me défendre. » Et à cette heure, qu'est-ce qu'il fait encore, le monstre ?

JOSEPH. Ne l'appelle pas ainsi, pour l'amour du ciel! Il aide la brebis qui a du mal avec ses agneaux.

MARTHE. Elle va les perdre. Confier la naissance, la vie qui est sainte, à un homme qui n'aime que la méchanceté et la mort! C'est sûr qu'elle va les perdre, les pauvres agneaux.

JOSEPH. Non, c'est quelqu'un qui sait tout faire avec ses mains, surtout soigner et guérir. Il faut reconnaître les qualités des gens. Ne sois donc pas toujours injuste.

MARTHE. Il t'a ensorcelé, mon mari. Avec lui tes malheurs ne font que commencer.

JOSEPH. Prépare du café, il vient. Il y a longtemps qu'il est aux côtés de la brebis.

MARTHE *(après un temps)*. Je fais du café pour toi, Joseph. Lui, qu'il se serve tout seul! Je le hais comme l'orage qui nous bat les tempes depuis qu'il est là. Je n'ai jamais vu un orage qui dure si longtemps.

JOSEPH. Tu ne vois donc pas qu'il est fatigué?

MARTHE. Quand je suis fatiguée, tu n'en parles pas.

JOSEPH. C'est vrai, Marthe. Je t'oublie. Je vieillis, il faut croire; je vous oublie, toi et les enfants.

MARTHE. C'est cet homme qui te raconte trop d'histoires de voyages et de femmes! Avant, tu m'oubliais moins.

JOSEPH. J'ai toujours aimé les récits de voyage. Ce n'est quand même pas sa faute…

MARTHE. Et les enfants, et l'école qui va commencer, non, tu n'y penses pas; tu n'écoutes que les mensonges de ce voleur de grand chemin, cette tête vide, ce cœur de papillon sec… Quand tu te réveilleras, il sera trop tard. C'est moi qui te le dis.

> *Une porte s'ouvre. On entend une pluie violente, au dehors. La porte se referme.*

52

PASSANT. J'ai sauvé la brebis, je pense, mais les agneaux, non…

MARTHE. Tiens… Je le savais bien!

JOSEPH. Cette brebis n'a jamais été bien forte.

MARTHE. C'est ce que tu dis! Il faut donc encore que tu défendes un inconnu devant qui t'es tout prêt à t'agenouiller comme devant l'autel?

JOSEPH. Mais voyons, Marthe, on ne peut pas accuser notre ami de toutes les malédictions de la nature. La nature fait comme elle veut, tu sais ça. Ce n'est pas la première fois qu'on perd une bête.

MARTHE. Mais c'est la première fois que tu perds ton courage d'homme, pour ça oui!

JOSEPH. On dirait que ma femme est surtout mécontente parce que Jean-Louis, notre aîné, vous a prêté son lit hier.

PASSANT. C'est votre fils lui-même, madame, qui m'a cédé son lit. D'ailleurs, c'est un lit trop étroit pour moi; mais votre aîné a des intentions délicates qui touchent beaucoup le vagabond que je suis.

MARTHE. C'est vrai qu'il apprend bien à l'école. Nous voulons lui faire continuer ses études.

PASSANT. À son âge, moi, je gagnais déjà ma vie… Je travaillais dans un grand magasin. Il serait temps qu'il vous récompense un peu, ne trouvez-vous pas? Que de sacrifices vous avez faits pour lui!

JOSEPH. S'il a la chance d'étudier longtemps, nous serons bien contents. Et pourquoi toujours attendre une récompense en retour de chacune de nos bonnes actions?

PASSANT. Hélas, c'est la vie… Le sacrifice des uns et l'ingratitude des autres.

MARTHE. C'est vrai, mon mari, nous ne sommes pas nés pour être constamment privés de notre récompense.

JOSEPH. Je vous laisse boire votre café, monsieur. Je retourne à ma brebis.

Des pas s'éloignent. L'orage augmente pendant quelques instants…

MARTHE. Quelle pluie, quel vent, on se sent tout énervé! Mais vous, rien ne vous énerve. C'est vous qui avez amené cette pluie; et la mort des agneaux, c'est vous aussi!

PASSANT. Toutes les infortunes du monde passent donc par moi? Comme c'est étrange. Après tout, pourquoi pas?

MARTHE. Oui, toutes les infortunes du monde! Quand donc partirez-vous? Mon mari ne travaille plus depuis votre arrivée. Il ne s'occupe plus de ses bêtes. Vous faites tout à sa place. Cette nuit, il vous prêtera le lit de sa femme; et qui sait, demain, vous chausserez ses bottes…

PASSANT. C'est un honneur pour moi d'accepter ce que les gens ont la candeur de m'offrir. Et surtout, je pense à eux; cela leur fait tellement plaisir. Il faut bien que la nature humaine se prouve à elle-même qu'elle est bienveillante, vous ne trouvez pas?

MARTHE. Ce n'est pas avec vos mots et vos fantaisies que vous m'aurez!

PASSANT. Alors, comment vous aurai-je?

MARTHE. Je ne suis pas comme mon mari. Les gens ne m'achètent pas avec des paroles parfumées.

PASSANT. Je pense, moi, au contraire, que les gens ont chacun leur prix. Leur prix à recevoir comme leur prix à offrir. Vous, comme les autres.

MARTHE. Je n'ai pas même envie de vous écouter.

PASSANT. Pourtant, vous m'écoutez. Avec quelle grâce vous me laissez vivre chez vous. Je bois votre café et vous m'écoutez en rougissant. Vous étiez sage hier, mais ce soir vous serez imprudente…

MARTHE. Ah! je vous chasserai bien de ma maison… J'en aurai sûrement la force…

PASSANT. Il est trop tard. Et vous savez pourquoi.

MARTHE. Pourquoi?

PASSANT. Parce que je vous possède.

MARTHE. Non. Et si vous parlez des sens, à mon âge, avec mon aîné qui est déjà grand, ces choses-là ne comptent plus.

PASSANT. Votre mari est distrait, vous en souffrez beaucoup, avouez-le. Autrefois, c'était un jeune homme ardent; mais maintenant, avec le mariage, le travail, les enfants…

MARTHE. Nous nous aimons. Mais pour m'oublier, il m'oublie.

PASSANT. N'avez-vous pas besoin parfois, comme toutes les femmes, de vous détendre un peu, de vous amuser?

MARTHE. Je ne suis pas comme vous, monsieur. J'ai des principes.

PASSANT. Moi, j'aime bien amuser les autres. Les provoquer au passage, les prendre par surprise…

MARTHE. Oui, je vois ça. Comme l'ange de la mort, hein?

PASSANT. Si seulement j'étais cet ange, vous auriez moins peur de moi! Je pourrais m'asseoir près de vous, baiser votre main…

MARTHE. Vous êtes drôle, vous!

PASSANT. Charmante, vous êtes charmante. C'est dommage, votre mari le remarque à peine… Vos mains sont rouges parce que vous avez eu froid pendant les rudes hivers; mais sous ces mains déformées par le froid, je vois vos mains blanches, celles que vous cachez à tous.

MARTHE. Qu'est-ce que vous racontez là! Un homme sans principes comme vous peut donc tout se permettre, tout faire, tout dire sans jamais être puni! Mon mari est un rêveur, un enfant naïf, c'est vrai mais je l'aime comme il est. Avec lui je suis toujours dans la bonne voie.

PASSANT. Il est de ces êtres qui vont droit au sacrifice. C'est absurde! Pourquoi l'aimez-vous? Avec moi, vous auriez des heures… des heures merveilleuses!

MARTHE. Vous devriez avoir honte!

PASSANT. Je voudrais bien vous dépouiller de toutes ces images terribles que vous gardez à mon sujet.

MARTHE. Vous ne pouvez pas. Cela ne veut pas dire que je vous trouve laid ou mal fait, au contraire… Mais vos mains à vous sur mon corps de femme, c'est peut-être agréable, je ne dis pas non… Et pourtant elles doivent laisser des marques, comme quand vous touchez à une brebis…

PASSANT. Pensez d'abord que ce serait agréable…

MARTHE. En tout cas, vous dites des choses que je ne veux plus entendre…

PASSANT. Même lorsque je vous les dis à l'oreille, comme maintenant?

MARTHE. Sortez par la porte de la cuisine. Voilà mon mari qui marche vers la maison.

Le passant s'éloigne en riant.

Temps.

JOSEPH. Je trouve la brebis bien basse…

MARTHE. Nous allons donc perdre la mère, aussi!

JOSEPH. On pourra peut-être la guérir mais elle a perdu beaucoup de sang. Et toi, qu'est-ce qui t'arrive? Tu as l'air toute bouleversée?

MARTHE. C'est l'air violent, sans doute…

JOSEPH. Tu étais dans la maison.

MARTHE. Pourquoi ne pas te dire la vérité, Joseph? C'est cet homme, ce démon, il me raconte des histoires à moi aussi. Je veux que tu lui ordonnes de partir ou que tu le jettes dehors à la pointe du fusil. Il n'a que du mal dans l'âme.

JOSEPH. Jamais je ne ferais cela.

MARTHE. Plutôt me laisser mourir comme la brebis, hein?

JOSEPH. Cet homme ne peut pas te tourmenter, Marthe, quand je suis là, dans ta maison, tout près de toi.

MARTHE. Pourtant il me tourmente et j'ai peur.

JOSEPH. J'apprends tellement, à vivre chaque jour à ses côtés. Pourquoi devrait-il partir? Et puis, je peux te l'avouer, j'ai peur, moi aussi. Où allons-nous avec lui? Je ne sais pas mais il est trop tard pour refuser de le suivre.

MARTHE. Je sais où nous allons, Joseph! Dans un trou de noirceur, dans la nuit, dans les grandes ténèbres. C'est sûrement là qu'il nous amène… Il ne m'aime pas plus que la poussière sous ses pieds. Pourtant, il veut jouer avec moi, me prendre, m'arracher de toi. Et toi, je te connais, tu ne pourras pas lui résister.

JOSEPH. Tu es une femme forte. Mais avec lui, à quoi sert la force? Donne-toi donc à lui comme il te le demande.

MARTHE. Mais tu es fou. Jamais!

JOSEPH. Rien ne peut nous séparer, toi et moi, tu n'as rien à craindre.

MARTHE. Joseph, tu n'es plus capable d'émotions ordinaires… Je suis ta femme, tu l'as oublié!

JOSEPH. Maintenant que j'ai commencé à céder et à abandonner tout ce que j'aimais, comment veux-tu que je m'arrête? Il a peut-être quelque chose à te dire, à te donner, à toi, à toi seule. C'est peut-être la seule façon pour lui de t'approcher.

MARTHE. Je te l'avais bien dit que ce soir tu lui donnerais ton lit et ta femme. Demain, ce sera peut-être ton fils qui s'envolera du nid comme un oiseau. Jean-Louis qui aimait tant la campagne ne pense plus qu'à partir pour la ville. Il veut gagner sa vie comme un homme. C'est cet homme qui lui torture l'imagination avec ses idées de voyages ! Ce criminel que tu as accueilli sous ton toit ne sème que le malheur chez nous… Et maintenant, c'est de moi que tu veux te dépouiller à cause de lui…

JOSEPH. Toi, Marthe, je te retrouverai.

MARTHE. Non. Un homme qui aime sa femme la garde toujours près de lui. Il ne la donne pas.

JOSEPH. Mais je te l'ai dit, Marthe. Je te garderai toujours.

MARTHE. C'est fini. Je ne suis plus à toi maintenant.

> *Temps.*

> *Le lendemain.*

PASSANT. Sortez, les enfants… je veux être seul.

JOSEPH. Pourquoi chassez-vous mes enfants dans la pluie ? D'habitude, quand il pleut, ils restent ici près du feu avec ma femme.

PASSANT. Quelle naïveté, Joseph ! Ce matin n'est pas un matin comme les autres. Vos enfants m'obéissent désormais. Quant à votre femme, elle dort… Vous le savez bien, je n'aime pas la présence des enfants autour de moi quand je lis…

JOSEPH. C'est l'heure d'aller au champ…

PASSANT. Pour vous, peut-être. Mais pour moi le dur labeur est achevé. Vous, vous épuisez votre corps au service de la terre. Moi, non. J'ai un esprit à cultiver. Enfin, nous ne parlons pas le même langage. Je sais que vous n'ouvrez jamais un livre…

JOSEPH. Comment pouvez-vous agir ainsi ? Je vous l'ai dit en confidence : à douze ans, j'ai quitté l'école ; c'est à peine si je sais lire mais je ne demanderais pas mieux que d'apprendre. Apprendre de vous comme d'un professeur, c'était mon rêve. Je vous ai donné tout ce que je possédais pour recevoir votre enseignement. Aujourd'hui qu'arrive-t-il? Vous mangez mon pain et l'affamé qui vous regarde, c'est moi, rien que moi! Vous avez pris ma femme. Bon, j'ai bien voulu pour calmer votre colère, j'avais peur de votre rire. Maintenant elle dort comme une femme écrasée de plaisir. Avant c'était une femme vaillante. Qu'est-ce que vous faites donc aux gens?

PASSANT. Rien, rien du tout, Joseph. Ne soyez pas si vite offensé. Je n'aime pas la mauvaise humeur. Je vous aimais parce que vous étiez doux. À quoi bon vous défendre avec une telle amertume? Parlez-moi comme le jour de mon arrivée ici. Vous m'avez accueilli avec générosité. Vous voyez, je suis tout de même capable de reconnaître la faveur du pauvre. Mais si vous désirez encore vivre dans cette maison une heure de plus, parlez-moi avec humilité. *(moqueur)* Avec douceur…

JOSEPH. Et mon fils Jean-Louis! Lui qui était si heureux avec ses parents, le voilà parti en ville. Rendez-moi mon fils.

PASSANT. À son âge, j'étais déjà un homme. Rappelez-vous, je vous en ai parlé hier. Il a voulu m'imiter. Pourquoi pas…?

JOSEPH. Lui qui aimait tant les bêtes, que deviendra-t-il à la ville?

PASSANT. Un homme avide comme tous les autres. Dans la vie, tout n'est que convoitise.

JOSEPH. Mon fils n'était pas ainsi.

PASSANT. Parce que personne n'avait réveillé ses faiblesses. Je vous l'ai déjà dit: il s'agit de prendre les vices des hommes par surprise comme un voleur; ensuite on les voit s'épanouir comme des fleurs au soleil du printemps. Vous voyez, vous êtes un mauvais élève, vous n'avez rien appris de moi. Pourtant depuis quelques jours je ne vous donne que des preuves de la fragilité des êtres, je ne vous parle que de cela. Je perds mon temps avec un semblable disciple!

JOSEPH. Je ne veux plus rien apprendre de vous. C'est ma femme qui avait raison. Elle a toujours été plus sage que moi.

PASSANT. Mais révoltez-vous! La révolte d'un homme contre son envahisseur, cela lui appartient, non? *(riant)* Je pourrais vous tuer maintenant mais je ne le ferai pas. Par respect pour vous, pour le geste généreux que vous avez eu en m'accueillant comme un aveugle. J'ai pris possession de vous tous. Pourquoi aurais-je une arme pour vous tuer? Vous, il vous reste toujours la soumission. Soyez soumis, je vous donnerai un peu de ma part.

JOSEPH. Des miettes sous la table comme à un chien sale?

PASSANT. Je ne crois pas à l'égalité, je ne suis pas comme vous. Quand je serai las de mes possessions, je vous les accorderai. Mais il faut attendre.

JOSEPH. Vous pouvez tout garder, je veux seulement ma femme et mes enfants.

PASSANT. Elle sera à vous quand elle se réveillera… Si elle daigne vous regarder encore, car l'amour rend parfois les femmes bien orgueilleuses. Et vous partirez avec vos enfants, dépouillés de tout, laissant derrière vous un maître enrichi par votre misère. Vous serez à votre tour des mendiants, des vagabonds. De ma fenêtre, le soir, je contemplerai le soleil se couchant sur vos champs admirables.

JOSEPH. Donc, vous n'êtes que cela, la malhonnêteté à l'état pur?

PASSANT. Si cela vous plaît de m'insulter! Il est vrai que j'ai été cruel envers vous. Je vous en demande sincèrement pardon.

JOSEPH. Vous prenez maintenant le langage du bien pour me faire du mal!

PASSANT. Joseph, quand donc serez-vous mûr pour la vie? Bien sûr, les mots ne sont faits que pour jouer et mentir. C'est d'abord avec des mots de supplication que je vous ai envahis peu à peu. La caresse d'une parole habile a suffi pour souiller le cœur de votre femme. On dit à un misérable : vous êtes beau. Il vient manger dans votre main.

JOSEPH. C'est vrai, on dit au misérable : tu es bon, étends ta peau sur le sol, promène-toi tout sanglant, tu es bon. Lui aussi le croit.

PASSANT. Oui, mais la vision de ce vêtement sanglant est insupportable... On en est vite dégoûté. Vous comprenez un peu ce que j'éprouve, n'est-ce pas ?

JOSEPH. Non, j'ai trop honte pour vous. Quand un homme a le pouvoir de son côté, il ne peut plus s'abaisser pour regarder le mendiant à ses pieds. C'est comme ça. J'aurais dû écouter ma femme. Je vais reprendre ma femme, mes enfants et tout recommencer comme si j'avais seulement rêvé à vous... Oui, c'est possible. J'ai peut-être rêvé à vous, nonchalamment appuyé contre la clôture de mon champ... Je me réveille peu à peu. C'est un beau matin et mes enfants me regardent avec leurs yeux clairs comme de l'eau de source.

PASSANT. Et si ce rêve dans lequel je vous ai enfermés pendant quelques jours, si ce cauchemar était la réalité même ?

JOSEPH. Alors il n'y aurait plus d'espoir... C'est sans doute un rêve. On se sent tout desséché, on ne peut plus bouger en votre présence.

PASSANT. Bien sûr ! Quand on rêve, le moindre élan de révolte ne vient pas. La révolte elle-même ressemble à un muscle assoupi, c'est atroce, n'est-ce pas... ? Bon, par charité pour vous, je vais réveiller votre femme. Puis, vous partirez...

Temps.

MARTHE. Où vas-tu, Joseph ? On dirait que tu pars en voyage...

JOSEPH. Viens, partons vite. Sortons d'ici.

MARTHE. Mais c'est notre maison que tu veux quitter !

JOSEPH. Non, c'est la maison d'un autre. Viens.

MARTHE. Je te suivrai. Je suis ta femme.

JOSEPH. Tu n'as plus la même voix. On dirait que tu refuses de lutter tout à coup…

PASSANT. C'est vrai… Marthe a perdu sa voix… Elle existe à peine, soudain…

JOSEPH. Écoute ma femme, tu as envie de recommencer une nouvelle vie avec moi? On oubliera cet homme, tu verras…

MARTHE. Je vois ton fusil qui est accroché au mur, mon mari. Pourquoi ne le prends-tu pas pour abattre cet individu?

JOSEPH. Pas de sang dans ma maison. Viens.

PASSANT. Permettez-moi au moins le geste amical de vous serrer la main… Voilà, c'est bien. Soyez sans colère contre moi. Je suis devant vous comme un petit enfant à qui l'on parle trop brusquement… Je mendie votre indulgence, votre grâce, votre sourire si bon… Laissez-moi vous ouvrir la porte…

JOSEPH. Quand nous aurons fait quelques pas avec nos vêtements en haillons, nos enfants à la main, n'aurez-vous pas une pensée pour nous? Une seule?

PASSANT. Oui, je pourrais bien penser : tiens, Marthe et Joseph ont été emportés par l'orage et j'ai été la cause de leur destruction.

MARTHE. Des regrets, vous en aurez?

PASSANT. Partez vite maintenant… La nuit tombe… Partez, c'est le matin mais pour vous la route sera sombre. Vos enfants vous attendent. Partez vite…

Ils sortent.

Deux destins

Deux destins *a été créé à l'émission* Premières *de la radio FM de Radio-Canada, le 10 mai 1973, dans une réalisation de Madeleine Gérôme.*

Personnages
   Jacques
   Christine, sa femme
   Pascal, leur fils
   Gilbert, ami de Jacques

Un enfant fait des exercices de piano de façon lente et monotone.

GILBERT. Tu sais, tu changes… Tu vieillis, toi aussi, comme les autres. As-tu remarqué que tu es moins beau qu'autrefois ? Mais tu n'as sans doute pas même le temps de penser à toi-même…

JACQUES. Je ne suis pas si intéressant que cela, voyons…

GILBERT. C'est vrai. Aussi, tu es très paresseux. Ta propre personne, tu n'y penses plus parce que tu la laisses vivre entre les mains des autres. Ai-je tort ? Maintenant, c'est ta femme qui vit à ta place. Tes enfants… Ce mariage est une délivrance de toi-même, tu ne seras jamais plus triste. Quelle chance de savoir ainsi résoudre le problème de ton destin ! Car maintenant, c'est fini, le destin pour toi… Ta route est toute dessinée, tu n'as plus qu'à la suivre…

JACQUES. C'est un destin commun. Tu pourrais m'imiter si tu le voulais, tu sais… Ce n'est pas bien difficile : un excellent métier, une femme charmante, deux enfants… Mais je ne me plains pas, ma vocation n'est pas très élevée, voilà tout. Pourtant je suis content. Et je pense que c'est le destin singulier, l'étrangeté d'un autre qui lui attirent des ennuis… Toi, par exemple, tu refuses tout, tu résistes à tout ce qui te paraît ordinaire, tu es trop seul…

GILBERT. Oui, on m'a déjà dit cela. La solitude n'est plus à la mode…

JACQUES. C'est bien d'avoir une vie organisée, tu sais… C'est parfois une forme de bonheur…

65

GILBERT. Tu crois ?

JACQUES. Je le crois fermement. J'étais si fébrile autrefois, j'exigeais trop de moi-même et des autres… J'attendais trop de la vie. Maintenant j'exige moins mais je suis plus heureux…

GILBERT. Alors, il ne me reste plus qu'à te féliciter pour ton choix… ! C'est Pascal qui joue du piano ?

JACQUES. Il n'est malheureusement pas très doué pour la musique…

GILBERT. En effet, il se répète beaucoup…

JACQUES. Ce n'est qu'un exercice… Mais je lui ai appris un morceau de Schumann ; nous le jouons ensemble, le soir. C'est un peu irritant pour Christine de nous entendre, car nous ne sommes musiciens ni l'un ni l'autre. J'ai commencé le piano à trente ans, tu t'imagines ? J'en avais pourtant rêvé toute ma vie, tu te souviens ?

GILBERT. Tu as de belles mains d'artiste, c'est à peu près tout !

JACQUES. Mes aspirations tardives te font sourire, je sais bien. Mais pour moi, c'est sérieux. J'aime sincèrement la musique.

GILBERT. Tu aimes aussi sincèrement ta femme, tes enfants, ton appartement. Tiens…, parfois je pense que la seule chose agréable qui persiste encore en toi, c'est cette petite mélodie de Schumann que tu joues le soir, près de ton fils, pendant que ta femme prépare le dîner. Une mélodie un peu vieille, un peu lasse, infiniment triste qui parle de ce que tu étais avant de mourir..

JACQUES. N'oublie pas que je suis encore vivant…

GILBERT. Le mariage tue !

JACQUES. Tu ne changes pas… Toujours tes idées d'autrefois ! Mais qui sait, tu m'envies peut-être aujourd'hui ?

GILBERT. Moi, t'envier ? Oh ! jamais ! Mais c'est gentil de ta part de m'inviter, une fois par année, une seule fois, à partager la douce intimité familiale… Cela prouve que tu ne m'oublies pas complètement, j'en suis très touché.

JACQUES. Pourquoi ne viens-tu pas plus souvent? Tu es le parrain de Pascal, après tout. Et Christine t'aime beaucoup. Tu ne le crois pas, c'est vrai pourtant.

GILBERT. Elle ne m'aime pas et je ne l'aime pas. C'est bien ainsi!

JACQUES. Ah! pourquoi répète-t-il toujours le même exercice? Sans doute par entêtement… ou alors pour agacer sa mère…

GILBERT. Et à l'école, comment va-t-il?

JACQUES. Il n'est pas brillant comme sa sœur, mais c'est un garçon docile.

GILBERT. Il a de l'imagination?

JACQUES. Pas beaucoup. Sur ce plan-là, je suis un peu déçu. La petite fille toutefois…

GILBERT. Tu sembles vraiment préférer ta fille!

JACQUES. Elle est plus attachante que son frère. Je n'y peux rien…

GILBERT. Tu n'as donc pas d'héritier à qui léguer ton âme de jadis?

JACQUES. Encore une déception commune, Gilbert. Comme tu dis, c'est le mariage…

GILBERT. Et la vie organisée! Tu es vieux maintenant. Il y a dix ans, tu étais en pleine jeunesse, énergique, ouvert à tout, mais la vie organisée est une catastrophe… D'ailleurs, énergique, l'étais-tu vraiment? Peut-être que j'imaginais toutes tes qualités… De toute façon, aujourd'hui, c'est fini, l'éblouissement de la jeunesse. Nous allons nous éteindre dans les affaires, mon vieux… Chacun son destin étroit, chacun son étouffement. Adieu l'imagination!

JACQUES. Tu es dur!

GILBERT. Non, réaliste…

JACQUES. C'était une époque délirante… Tu te souviens de la maison d'édition que nous avions l'intention d'ouvrir ensemble?

GILBERT. Nous allions d'abord éditer tes nombreux poèmes… Ah! tu écrivais bien dans ce temps-là, quelle subtilité dans ton langage! Il y avait sans doute un grave défaut, c'était trop cérébral, mais quel espoir, tout de même…! Ah! mais ne parlons plus de cette époque… À quoi bon?

Temps.

CHRISTINE *(qui entre)*. Enfin, j'ai un petit moment à moi pour vous voir un peu, Gilbert… Nous allons boire un verre ensemble…

JACQUES. Je t'attendais, chérie, pour mon gin tonic; tu le prépares si bien!

CHRISTINE. Vous voyez, Gilbert, il ne change pas, notre Jacques. Il ne peut rien faire tout seul, toujours le même grand enfant!

JACQUES. Et toujours le même enfant gâté…

GILBERT. Vous le gâtez trop, Christine. Moi je lui dirais: Lève-toi et travaille un peu pour toi-même, indolent! Pourquoi ne le secouez-vous pas un peu?

CHRISTINE. J'ai pris l'habitude maintenant…

GILBERT. Celui qu'on aime trop nous punit souvent de son ingratitude… Heureusement pour moi, je n'aime pas l'amour. Dans ma jeunesse, je ne vivais que pour cela. Maintenant, je m'en détache de plus en plus.

CHRISTINE. On dit cela puis on reprend son fardeau, allez!

GILBERT. Vous voyez bien, Christine. Vous-même, vous parlez de fardeau…

CHRISTINE. Il y a des fardeaux qui nous épuisent et nous réconfortent à la fois. Je suis sûre que vous me comprenez.

GILBERT. Non… plus maintenant. Je ne vous comprends plus.

JACQUES. Tu es bien pessimiste, je trouve.

CHRISTINE. C'est pour me provoquer sans doute, Gilbert, que vous dites cela. Mais comme tout le monde, vous aimez l'amour. Un homme qui n'a pas encore quarante ans et déjà épuisé d'aimer, ce ne serait pas normal.

GILBERT. C'est la vérité même. Je refuse désormais tous ces pièges de l'amour. Je suis hostile à la passion, à tout ce qu'elle représente d'esclavage et de soumission. J'admire, je regarde. Ces sentiments sont déjà plus purs, vous ne croyez pas? La contemplation, l'admiration tuent moins vite que l'amour, au moins… C'est ce que je crois!

JACQUES. Tu ne risques rien en admirant… C'est juste…

GILBERT. Surtout, je ne suis pas possédé. Quant au risque, il est toujours le même, peut-être. Vous croyez tous les deux que l'amour que vous éprouvez l'un pour l'autre est une chose émouvante, n'est-ce pas? Moi, je pense le contraire. Le spectacle du couple jeune, tendre, non, cela ne m'émeut pas du tout. Plus je vous regarde être ensemble, plus je préfère être seul.

CHRISTINE. J'ai toujours aimé votre franchise, Gilbert.

GILBERT. La franchise, une fois par année, ça se supporte…

CHRISTINE. C'est que votre visite annuelle suffit à me troubler beaucoup. Les gens son fragiles. On dirait que vous aimez les voir s'écrouler sous vos yeux.

GILBERT. Oui, c'est possible… Mais voyez-vous, Christine, mon but, c'est d'être un destructeur sain, de ne détruire autour des êtres que les illusions, les mirages, non ce qu'ils sont en réalité…

CHRISTINE. C'est de l'orgueil, Gilbert! Vous réussissez parfois…?

GILBERT. Je ne sais pas. Jusqu'ici vous êtes tous les deux mon seul terrain d'expérience…

CHRISTINE. Alors j'ai raison de me méfier de vous !

GILBERT. Oh ! vous pouvez m'inviter plus souvent. Je serai raisonnable, je viendrai très sagement tout ravi d'entendre mon filleul au piano, je le verrai grandir et mourir en lenteur comme son père. Pendant ce temps, ses parents seront absorbés l'un par l'autre, dévorés, noyés l'un dans l'autre ; ils marcheront ensemble du même pas vers les sables éternels.. Oui, invitez-moi. Cela me touche beaucoup, vous savez…

CHRISTINE. Vous ne voyez donc que du vide au bout de nos vies ?

GILBERT. Rien que cela…

CHRISTINE. Votre idée est intéressante, Gilbert, mais excusez-moi un moment. Il faut que j'aide ma fille avant le dîner. Les devoirs, vous comprenez ? Je reviens dans quelques instants…

Temps.

JACQUES. Elle est gentille, tu ne trouves pas ?

GILBERT. Plus que gentille, mon ami ; elle est parfaite.

JACQUES. Quand donc cesseras-tu de te moquer de moi ?

GILBERT. Comme tu vois, je ne m'en lasse pas. On pourrait croire que tu en vaux la peine, que je t'estime assez pour cela.

JACQUES. Mais au fond, tu ne m'estimes plus… Tu me vois par charité…

GILBERT. Peut-être par ironie, par curiosité. Par charité, non.

JACQUES. Tu ne remarques donc pas que ma femme t'aime beaucoup ?

GILBERT. Non, elle éprouve pour moi des sentiments de haine. Dès que je partirai ce soir, elle sera aussitôt impatiente de faire l'amour avec toi, tiens, ici même dans ce salon, sur ce tapis… Elle ne pourra pas attendre. Le démon de la jalousie et de la possession va s'emparer d'elle.

JACQUES. C'est toi qui l'excites avec ta révolte perpétuelle contre nous deux…

GILBERT. Elle te possède déjà du regard… Elle sait qu'avec moi tu songes à tout ce que tu n'as pas pu réaliser dans ta vie à cause de ce mariage… Oui, elle sait bien que quelque chose a été brisé pour toujours…

JACQUES. Tu sais bien que je souhaitais ce mariage, moi aussi… Tu as vu en moi une inspiration que je n'ai peut-être jamais eue. Tu es né pour former les autres, pour les aider à épanouir leurs dons, c'est vrai… Mes dons à moi étaient bien pauvres, voilà ce que tu oubliais… C'est sans doute parce que tu es si seul que tu juges les autres sévèrement. Le contact quotidien avec une femme, des enfants, des responsabilités, rien de plus efficace pour humaniser un rêveur comme toi, un rêveur réaliste, si tu préfères… Tu vois bien que moi aussi j'ai changé sur ce plan-là… Tu ne penses pas que ce serait bien pour toi de vivre avec quelqu'un?

GILBERT. Ne t'imagine pas, tout de même, que je passe ma vie dans la chasteté! Je te parlais de la bêtise des sentiments exaltés, non du calme des sens… Mais, si j'ai bien compris, tu me parles encore du mariage…

JACQUES. Eh bien, oui! Ce mot si ridicule, pour toi… Le mariage! C'est ta solitude qui m'effraie…

GILBERT. Ne t'inquiète pas à ce sujet. J'ai un bon chien, de jolis tableaux, et deux beaux fauteuils antiques. Nous nous tenons tous joyeusement compagnie, ces objets et moi. J'aime les objets, j'en suis fou…

JACQUES. Nous parlons souvent de toi, Christine et moi..

GILBERT. Comme c'est généreux de votre part!

JACQUES. Nous pensons que ta vie a malgré tout un aspect un peu stérile…

GILBERT. C'est comme ça. Je voulais produire le talent, le rayonnement de l'intelligence. Le temps passe et je ne produis toujours que moi-même, ce qui est peu, je l'avoue. Je devais éveiller, encourager des esprits créateurs, des garçons comme toi, Jacques, comme tu étais il y a dix ans… Et je n'éveille personne à la création, bien au contraire. C'est cela, le drame des dilettantes : ils ne sont que des amateurs éphémères de ce qui est éternel…

JACQUES. Mais pourquoi avoir subitement choisi une carrière commerciale quand tu aimais tant les arts ? Voilà ce qui demeure incompréhensible…

GILBERT. Et toi, pourquoi m'as-tu imité ? Moi, je devais gagner ma vie… Mais toi, ce n'était pas nécessaire… Ah ! et puis nous sommes tous les deux doués pour les affaires, plus que pour les livres… C'est sans doute là notre seul métier. Tu me vois errant à la dérive et sans argent, à la recherche de quelque talent lumineux se consumant seul dans l'ombre ?

JACQUES. C'était cela… ton destin !

GILBERT. Non, je n'avais pas de destin, tu en avais un, toi. Mais tu n'es pas content ? Je vends bien mes marchandises pourtant, je deviens très prospère… Attention, je vais te dépasser. Peut-être me manque-t-il encore ce petit côté ambitieux, arriviste que tu as…

JACQUES. Mais à quoi bon toute cette acquisition de biens et d'argent si tu n'as personne à qui les offrir ?

GILBERT. Et le petit *moi-même* ? Il ne mérite rien, lui, alors ?

JACQUES. Ah ! voyons, tu sais bien de quoi je parle, égoïste ! À ton âge, il faut penser à l'avenir, il faut donner un sens à sa vie…

GILBERT. C'est étrange comme tout ce que tu dis est exaspérant de banalité ! Tu veux que je te parle des femmes qui visitent ma solitude, cela, pour te donner une image plus flatteuse de moi-même ?

Pour prendre ce que l'on offre, comme tu dis, il y a quelqu'un, toujours quelqu'un qui passe au bon moment, la main tendue… Il suffit de passer une seule nuit avec une femme et elle vous demande elle aussi de vous emprisonner avec elle dans son destin. Il y a deux grands pièges dans la vie, le mariage et la mort…

JACQUES. Tu aimes toujours les belles phrases, tu te caches derrière elles, n'est-ce pas? Mais je sens bien que tu as peur, que tu marches sur un terrain peu solide… Avec les objets, comme avec les femmes!

GILBERT. Qu'il est perspicace, celui-là! Si tu savais seulement combien j'ai horreur de la solidité! Rien n'est solide, idiot! Comment peux-tu croire cela! Quelle naïveté!

JACQUES. Tu écoutes encore du Wagner pendant des soirées entières comme autrefois?

GILBERT. Bien sûr, c'est beau, c'est puissant, Wagner. Je ne renie pas cette passion de jeunesse… Mais toi, tu n'as plus le temps de l'écouter; ta femme dit que tu rentres parfois de ton bureau à minuit. Quelle misère de n'avoir plus le temps d'aimer les belles choses!

JACQUES. J'ai une famille à nourrir. Lorsque les enfants seront plus grands, je prendrai le temps, tu verras…

GILBERT. Tu m'attristes!

JACQUES. Et toi aussi!

GILBERT. Tiens, ta chère Christine a oublié ton gin tonic… Je vais donc te le préparer, moi, ton ami! Tu l'aimes toujours avec une tranche de citron?

JACQUES. Je vois que tu te souviens de tout…

GILBERT. Absolument, c'est mon péché, la mémoire… Peut-être le seul.

JACQUES. Sois sérieux, Parle-moi un peu de toi-même…

GILBERT. Mais tu me connais, pourquoi te parlerais-je de moi-même? Je suis un amateur d'art, un amateur de tout, un esprit oisif qui aime la qualité. Je m'entoure de beaux livres, des meilleurs disques. Je suis comme avant pour tout cela. La seule chose différente d'autrefois, c'est que je n'ai plus vingt ans et que je ne peux plus me dire que, demain, je ferai ceci, je ferai cela… Non, j'ai vieilli et je continue de vieillir. Il y a quelques moments délicieux et des heures longues exécrables! Tu aimes le tableau?

JACQUES. Mais les gens… les amis… quelle place leur laisses-tu?

GILBERT. Les amis ne manquent pas. Nous allons au théâtre, nous sortons. Mais ce que j'aime le plus, c'est de me retrouver seul chez moi.

JACQUES. Tu bavardes mais tu ne parles pas… Non, tu ne me parles pas comme il y a dix ans…

GILBERT. C'est cela, perdre un ami…

JACQUES. Mais je suis là! Pourquoi as-tu tellement changé?

GILBERT. Mystère! Je vois qu'il n'y a pas beaucoup de livres ici. Tu ne lis plus?

JACQUES. Je me dis toujours que j'aurai le temps de lire, le dimanche. Puis le dimanche arrive et il faut que je m'occupe des enfants. Je leur consacre entièrement une journée par semaine. C'est peu, mais pour moi, c'est sacré…

GILBERT. C'est sacré, hein? Ne cherchons plus : c'est dans ton élan paternel que tu as mis tout ton art, tout ton génie! Tu dois être un père plutôt accablant…

JACQUES. On ne s'en plaint pas… C'est important, tu ne peux pas le nier! Il faut quelqu'un pour diriger ces êtres jeunes encore informes… Nous ne savons pas ce qu'ils sont ni ce qu'ils contiennent. Peut-être y a-t-il un espoir…

GILBERT. Lequel? À entendre ton fils au piano, on ne sent pas cet espoir dont tu parles… Mais après tout, on ne sait jamais, il y a des miracles! Pascal pourrait se révolter un jour, et même se révolter contre toi. Pourquoi pas?

JACQUES *(à son fils)*. Cesse, Pascal, c'est assez pour ce soir!

PASCAL. Et le Schumann, papa?

JACQUES. Après le dîner, pas maintenant. Tu as tes devoirs, ta sœur a déjà commencé les siens. Tu es toujours en retard.

PASCAL. Je voulais jouer mon morceau pour Gilbert.

JACQUES. Pas maintenant, je t'ai dit. Travaille un peu, avant le dîner. Va, va.

GILBERT. Tu es sévère pour lui.

JACQUES. Cela me regarde.

GILBERT. Évidemment, un garçon est souvent plus réservé qu'une fille… Tu te sens mieux compris par ta fille, sans doute…

JACQUES. Les parents n'ont pas besoin d'être compris. Leur devoir est ailleurs…

GILBERT. C'est de la pitié, ça! Pour le moment, Pascal est maigrichon. Mais un jour il sera beau, tu le jalouseras!

JACQUES. Je veux surtout qu'il soit plus équilibré, moins silencieux… Moins réservé aussi. Il ne s'adapte pas bien aux autres, même en classe. Cela m'effraie. À son âge, j'étais comme lui. Je voudrais tellement lui éviter ce que j'ai connu… Une adolescence torturée… Un suicide…

GILBERT. Oui, mais tu l'as manqué, ce suicide, n'oublie pas! Cela enlève tout de même un peu de grandeur à ton geste!

JACQUES. J'ai frôlé la mort de si près dans cette chambre d'hôtel…! Si ma femme n'avait pas été là, eh bien…

GILBERT. Or, précisément elle était là ! Frôler la mort en compagnie d'une femme, ce n'est pas bien dangereux. Tu voulais sans doute te divertir un peu. On peut dire que cet échec vous a unis !

JACQUES. Christine a été bien courageuse, tu dois le reconnaître…

GILBERT. Oui, elle a admirablement porté son fardeau !

JACQUES. C'est vraiment grâce à elle que j'ai survécu à ces heures sombres, je t'assure !

GILBERT. Survivre, Jacques ? Enfin, n'exagérons rien. Il y avait là un cadavre de bonne volonté. En apparence tu étais un garçon en pleine santé, tu avais tes dents de loup et tout ce qu'il faut pour conquérir une femme. Ajoutons à tout cela le charme de l'être triste qui pleure sur l'épaule d'autrui. Elle t'a aimé. Il y avait dans l'atmosphère quelque chose d'irrésistible. Mais une tragédie qui finit si bien dans le mariage n'est pas une tragédie. Au contraire ! Aujourd'hui, d'ailleurs, tu n'es plus tragique, tu es ennuyeux. Tu te souviens, la fois où tu avais tenté de te supprimer quand tu étais étudiant ? Un premier suicide manqué, et celui-là encore plus pâle que le second ! Et qui était là cette fois ? Moi, Gilbert, l'ange gardien secourable !

JACQUES. Je n'ai pas oublié que toi aussi, à ta façon, tu m'as sauvé la vie… Tu as eu confiance en moi, tu as cru voir en moi un écrivain…

GILBERT. C'était inutile… La vie ou ta personnalité ou encore les deux ont détruit tout mon travail ensuite…

JACQUES. C'est ce qui arrive, je le crains, quand on met toute sa foi dans une autre personne. Si l'on veut réaliser quelque chose, il vaut mieux le faire soi-même… Ce fut là ton erreur avec moi, celle de croire en ma valeur.

GILBERT. C'est plus reposant pour toi de penser cela, bien sûr ! Mais, puisque la tragédie stupide est ton but, pourquoi ne pas la réussir un jour, ta mort ? Ou bien, n'est-il pas trop tard ? Oui, probablement… Il est trop tard parce que tu vis trop confortablement avec Christine et tes enfants. Vive l'organisation, Jacques? Tu ne peux plus en sortir maintenant, tu es captif!

JACQUES. Tiens… sers-moi encore à boire!

GILBERT. Mais que dira la noble Christine si tu bois un peu trop? Ce n'est pas permis l'excès, je pense.

JACQUES. C'est exceptionnel. Tu es là et tu viens nous voir si peu souvent! Elle comprendra. Si je suis si prudent, c'est à cause des enfants et en souvenir de mon père qui est mort alcoolique. C'est grave, tu sais, quand un vice ruine toute une vie familiale! Je ne voudrais pas être responsable de cela.

GILBERT. Tu n'as rien à craindre de ce côté, il me semble. Tu es enveloppé de défenses contre tous les vices de ce monde. Contre toutes les vicissitudes de l'existence également. Même si tu es frileux sous toutes tes couvertures, Jacques, tu prends si bien soin de toi que tu mourras vieux, usé, grand, mince comme maintenant. Les cheveux blancs vont remplacer les cheveux blonds. Cependant tu seras longtemps le même à part ce petit détail, ton usure. On ne pourra pas la définir ni la toucher. Jusqu'à la fin tu auras les ongles trop propres, les chaussures trop polies… Même ta raie de cheveux sera la même avec la caresse du peigne féminin, ce trait conventionnel qui marque un homme pour toujours… Mais en attendant, bois un peu, mon ami!

JACQUES. Tu as tort! C'est toi, l'homme conventionnel que tu viens de me décrire impitoyablement! Rien ne t'abîme, tu es toujours au-dessus de tout. Moi, je m'efforce de penser à une femme, à des enfants, je me modifie. Alors que toi, tu es toujours amoureux des mêmes fauteuils, de la même musique…

GILBERT. Moi, c'est un tout autre problème. Je préfère parler de toi, c'est plus amusant. Tu as écrit récemment en secret. Tu peux en profiter pendant que Christine est avec les enfants…

JACQUES. Ce n'est pas un poème. Seulement une phrase. Je n'écris plus que des phrases, comme ça, pendant mon travail journalier ou bien dans le métro, des bouts de papier dont j'ai honte. Je ne veux les montrer à personne mais Christine les trouve toujours dans mes poches! Elle n'est pas méchante, elle ne fait que les lire. Elle m'en parle ensuite. Je ne peux pas lui reprocher cela. Malgré tout...

GILBERT. Tu veux me lire ton dernier bout de papier?

JACQUES. Je les déchire ensuite. C'est sans intérêt, je t'assure!

GILBERT. Montre... quand même!

JACQUES. Tu peux lire ceci, c'est vraiment idiot...

GILBERT. Pourquoi écris-tu comme une araignée dessine? Par prudence, par économie encore? Ou est-ce pour éviter l'indiscrétion de ta femme?

JACQUES. Elle n'est pas indiscrète, elle veut me comprendre.

GILBERT. C'est indiscret, cela...

JACQUES. Pas pour la femme avec qui on vit. La discrétion, c'est pour les amis. Mon écriture a tendance à diminuer, cela m'arrive tout à coup...

GILBERT. C'est toi qui rétrécis! Tu n'es plus qu'une phrase courte, très courte, illisible, repliée sur elle-même! Mais qu'est-ce que tu racontes là? *La vie est... la vie...*

JACQUES. Attends, je peux lire moi-même. Cela ne mérite pas que tu fatigues tes yeux. D'ailleurs, tu ne portais pas de lunettes il y a un an, il me semble...

GILBERT. C'est l'âge! Avec l'âge, tout s'en va... Moi, je ne suis pas comme toi, le temps me détruit, visiblement.

JACQUES. Je ne comprends pas moi-même... Il est question d'une poursuite dans un couloir obscur, dans le métro peut-être. Il est très tard, je rentre chez moi et soudain un inconnu s'approche. Je veux lui donner tout l'argent que j'ai, croyant que c'est ce dont le malfaiteur a besoin. Mais ce qu'il veut, ce n'est pas cela. Il me le dit franchement : ce qu'il veut, c'est ma vie. Je sens la lame de son couteau contre ma gorge... Je compte les instants qui me restent...

GILBERT. Et alors ?

JACQUES. Le voyou ne sait plus ce qu'il veut... Il hésite. Son couteau est toujours sous ma gorge mais il hésite. Je ne sais à quoi il pense. Ses yeux sauvages errent autour, je compte les minutes...

GILBERT. C'est facile d'écrire tout cela quand on ne l'a pas vécu.

JACQUES. Je l'ai vécu ! Il me semble que je vis cette scène chaque soir quand je reviens de mon travail. La mort ne se décide pas, elle hésite, mais elle est là derrière un visage d'homme et elle m'attend. Un soir, je ne pourrai pas rentrer chez moi.

GILBERT. Quel romantique !

JACQUES. Tu ne me crois pas ?

GILBERT. Tu n'as pas le droit de penser à toi-même comme à un homme menacé. C'est faux. Tu ne l'es pas.

JACQUES. La menace, aujourd'hui, on l'éprouve surtout dans les petites choses. C'est quand même une menace profonde. Il faut être solide pour la supporter !

GILBERT. Solide, encore ! Les petites choses, comme tu dis ! Mais pour les détails mesquins, tu peux avoir confiance en moi. Je n'obéis qu'à cela, comme la plupart des hommes. Notre destin, ce n'est pas de mourir crucifié sur une croix. Non. Notre destin à nous, c'est le détail mesquin. Ton individu cynique dans le métro, sais-tu pourquoi il veut te tuer ? Même si ta scène est imaginaire, ton voyou est réel : il veut te tuer par mesquinerie... Et quand il hésite, c'est par mesquinerie aussi... Il calcule que ta vie ne vaut pas le risque de sa peine de mort ! Avant de tuer quelqu'un, il choisira plutôt une suite de détails sordides, des vols, des viols, des centaines de petits crimes… Et dire qu'autrefois tu étais le premier à dire : *Dans nos vies à nous, tout sera différent, il n'y aura rien d'étroit… rien de mesquin.* Tu te souviens ?

JACQUES. Je le pense encore mais pour les enfants, à travers eux…

GILBERT. Il faut être viril, il faut en arriver là. Voilà ce que tu penses. Mais songes-tu parfois à ce lendemain barbare que tu leur prépares, à tes enfants ?

JACQUES. Je leur donne tout ce que je peux leur donner.

GILBERT. On ne peut pas être coupable pour l'avenir de tous !

JACQUES. Non, on ne peut pas. Je leur consacre mes moments libres, tout ce que je suis… Je ne peux pas faire plus, crois-moi !

GILBERT. En somme, tu corresponds merveilleusement à l'image du papa moderne ? Tout pour un reflet vaniteux de soi-même !

JACQUES. Tu dis cela parce que tu n'as pas d'enfants. Ils ont de la chance de recevoir ce que je n'ai jamais eu…

GILBERT. Moi, je les plains. Quand le sommeil est trop paisible, le réveil est brutal… La vie du dehors finira bien par les atteindre !

JACQUES. Je suis capable de protéger ceux qui ont besoin de moi.

GILBERT. Tu es surtout capable de les endormir…

JACQUES. Ah ! toi, tu es tellement supérieur ! On ne te berce jamais de mensonges, on ne parvient jamais à t'endormir, n'est-ce pas ? La sécurité du sommeil, tu ne l'aimes pas ?

GILBERT. Non, je ne l'aime pas.

JACQUES. Tant mieux pour toi, alors…

Temps.

CHRISTINE *(qui revient).* À quoi pensez-vous. Gilbert ? Vous êtes distrait…

GILBERT. Moi? Non je suis trop sobre. C'est sans doute cette petite phrase de votre mari qui me revient. Il avait mis tout son cœur dans cette phrase et, c'est curieux, j'ai eu envie de le détruire à cause de cela. Vous avez envie de détruire les gens parfois, pour des riens, comme ça?

CHRISTINE. Jamais.

JACQUES. Ne parle plus de mes bouts de papier, Gilbert. C'est agaçant pour Christine. Elle n'aime pas tellement trouver ces bouts de papier dans mes poches.

GILBERT. Et puis après? C'est toi, cela! Ces fragments de poèmes, cette œuvre avortée et sans cohérence, pourquoi permets-tu aux autres de t'en séparer? C'est toi qu'on déchire en les déchirant… C'est toi…! Quelle cruauté! Quelle mesquinerie!

CHRISTINE. Je lis tout ce que Jacques écrit… Par hasard, Gilbert, non pour lui faire du mal. Vous savez bien que tout ce qu'il peut penser m'intéresse! Je veux le connaître davantage. Il le faut…

GILBERT. Vous croyez sans doute, Christine, qu'il vaut mieux trouver ces poèmes épars, ces phrases enfantines écrites de la main de Jacques, vous pensez peut-être qu'il vaut mieux trouver cela que des lettres d'amour d'une autre femme…

CHRISTINE. Je ne pense rien de ce genre! Je pense seulement que Jacques a des manies et des idées un peu folles, qu'il agit parfois comme un enfant. C'est tout. Je ne peux pas lui reprocher d'écrire et de jouer avec les mots. Cela ne me concerne pas.

GILBERT. Non, cela vous concerne beaucoup, au contraire! Voilà bien le plus grand danger qui vous guette: cette pensée qui court!

CHRISTINE. Peut-être, mais je suis de celles qui repoussent les dangers au loin.

GILBERT. Par la destruction ou par l'amour?

CHRISTINE. Par l'amour. Du moins, je l'espère! Je connais assez Jacques pour savoir que ces tentations d'écrire ne sont que passagères.

GILBERT. Ce qui n'écarte pas le danger nécessairement! Ah! connaître quelqu'un! Vous parlez de cela comme une femme, Christine, sans aucune pudeur. La femme dispose de l'abandon de l'homme pour elle-même, elle est libre d'en user comme elle veut…

CHRISTINE. C'est bien naturel, vous ne croyez pas?

GILBERT. Tout le monde le croit. La mort est naturelle, aussi. On le dit.

CHRISTINE. Tu as faim, Jacques?

JACQUES. Et Gilbert aussi… Mettons-nous à table. Sans les enfants, Christine, si tu veux bien… Gilbert est là. Nous sommes rarement seuls ensemble, tous les trois.

CHRISTINE. Pascal veut jouer son morceau de Schumann avec toi pour Gilbert. Quand il a une idée, c'est comme toi, je ne peux pas lutter contre lui… Mais tu as les joues bien roses, Jacques, mon chéri, tu sais bien que tu ne dois pas boire… lorsque tu bois légèrement, tu t'enivres!

GILBERT. Que de choses troubles dans ton sang, Jacques! Une goutte de vin et tout remonte à la surface…

JACQUES. Ah! tais-toi avec tes présages! Je commence à me sentir bien, ne me gâche pas ce plaisir…

CHRISTINE. Vous voyez bien, Gilbert, que Jacques est libre de faire ce qu'il veut. Il n'est pas mon prisonnier, vous savez…

GILBERT. C'est un prisonnier qui s'échappe…. Après tout, vous le connaissez, Christine, vous savez bien qu'un esclave retrouve toujours son esclavage. Donc, il est bon de lui laisser un peu de liberté de temps en temps…

CHRISTINE. Vous méconnaissez les liens entre deux êtres qui s'aiment, Gilbert. Ce n'est pas votre faute, vous ne pouvez pas comprendre. Vous êtes trop solitaire, trop farouche aussi ! Mais venez vite manger, le riz va brûler…

Temps.

Pendant le dîner.

GILBERT. C'est un délicieux repas, Christine. Vous avez pensé à l'ours qui ne le mérite pas !

CHRISTINE. Je connais un peu vos goûts. Jacques dit que vous êtes très raffiné pour la nourriture. Chez nous, c'est très simple…

GILBERT. Quand Jacques ne comprend pas quelque chose en moi, il dit que je suis raffiné… C'est bien pour lui, dans son esprit, d'avoir un ami raffiné. C'est rassurant !

CHRISTINE. Pourquoi ne pas se tutoyer, vous et moi, toi et moi, Gilbert ? Après tout, nous nous connaissons depuis quelques années déjà ?

GILBERT. Oui, depuis les funérailles de Jacques… Ses funérailles symboliques, naturellement ! Il est en bonne santé depuis !

JACQUES. Ah ! ce n'est pas drôle !

CHRISTINE. Alors, tu me dis *tu*, Gilbert ?

GILBERT. Pourrais-je jamais m'y habituer, croyez-vous ?

JACQUES. Pourquoi pas ? Christine est ton amie chaque fois que tu es aimable, ce qui n'est pas toujours le cas…

GILBERT. Puisque le mariage met tout en commun, pourquoi pas moi ?

CHRISTINE. Je t'aime bien, moi, Gilbert. Mais tu refuses mon amitié.

GILBERT. L'intimité des autres m'effraie, c'est tout. Mais ce n'est peut-être qu'une question de timidité…

JACQUES. Toi, timide?

GILBERT. Pourquoi pas? C'est une gentille qualité, la timidité! Je bois donc ce vin à ta santé, Christine, à notre amitié ambiguë, si cette amitié existe. Mais laissons-la respirer un peu ce soir, hein? Quant à toi, Jacques, que pourrais-je te souhaiter? Tu as déjà tout réussi. Tu ne désires plus rien!

CHRISTINE. Eh bien, au bonheur de chacun!

GILBERT. Ne serait-ce pas merveilleux si ce soir, pour une fois, nous étions capables de nous enivrer non seulement de vin mais de paroles sincères? De vérité? Ah! quel rêve!

JACQUES. Comme tu ne mens jamais avec moi, tu dirais encore les mêmes choses amères. Tu dirais que je suis prétentieux de me sentir menacé, que je n'ai pas le droit d'avoir peur… Enfin, tout ce que tu me disais il y a quelques instants!

GILBERT. Oui, c'est ton couteau sous la gorge qui me gêne. Pourquoi un individu t'attaquerait-il, toi? Pourquoi toi? Tu n'as pas la tête d'une victime mais plutôt celle d'un acteur triomphant…

CHRISTINE. Pourtant, c'est vrai, Gilbert. Il a des cauchemars… Il s'imagine que quelqu'un va le tuer par surprise. La nuit, dans ses rêves, je l'entends qui parle de cela!

JACQUES. Pour Gilbert, les cauchemars d'une existence heureuse sont sans importance!

Sons amplifiés de la vie moderne. Bruits du métro.

PASCAL. Papa! Papa!

JACQUES. Pourquoi pleures-tu? Qu'est-ce qu'il y a?

PASCAL. Tu ne me défends pas. Tu ne peux pas me défendre. C'est toi qui as peur.

JACQUES. Tu avais un peu froid, c'était un mauvais rêve. Tout est calme maintenant. Allume, tu verras : il n'y a personne dans les coins de ta chambre…

PASCAL. Il y a cinq personnes très âgées, toutes en noir, au fond de la chambre. Regarde !

JACQUES. Non, il n'y a personne. Tu vois, c'est ridicule. Tu es le seul à avoir peur. Ta sœur est endormie, elle.

PASCAL. Donne-moi mon lion.

JACQUES. Il est là, sur ton oreiller. Tu es plus grand que ton lion, pourquoi ne sais-tu pas encore te défendre seul ? Dors maintenant, bonne nuit.

Temps.

JACQUES *(comme à travers sa course)*. Protéger, défendre, pourquoi ces devoirs ? Qui me défendait, moi ? Qui me protégeait ? Si je manque le métro, je ne pourrai pas rejoindre Christine à quatre heures chez le médecin… Mais pourquoi le médecin ? Elle ne m'en a rien dit… Pourquoi ces secrets avec moi ! Il fait chaud dans le métro. On dirait que je n'existe pas pour les autres. Ils voient mon chapeau, mes gants. Une sorte de visage qui flotte, non, je n'existe pas pour eux…

Tous les bruits cessent brusquement.

GILBERT. Tu ne parles pas, Jacques, tu ne dis rien ?

JACQUES. Je n'ai pas encore assez bu, sans doute ! Dis-moi, Christine, pourquoi devais-tu voir le médecin l'autre jour ? Je voulais te le demander puis j'ai oublié…

CHRISTINE. Aucune raison sérieuse… Je voulais maigrir un peu…

JACQUES. Mais je ne veux pas. Tu es bien ainsi. Pourquoi cette idée ?

CHRISTINE. Je n'avais pas l'intention de te le dire.

JACQUES. Mais il faut tout me dire. Pourquoi me cacher cela, à moi ?

CHRISTINE. Cela m'ennuyait de t'en parler, c'est tout.

GILBERT. Pourquoi Christine n'aurait-elle pas droit, elle aussi, à ses secrets ? Elle t'appartient donc à ce point ?

JACQUES. Oui… Enfin, tu me comprends… C'est réciproque ! Tu en es à ton troisième verre, Christine. N'exagère pas. Tu auras mal à la tête demain matin.

CHRISTINE. Tu n'as rien à craindre, Jacques…

GILBERT. Vous vous protégez bien tous les deux. On dirait même que vous avez peur de trahir une vérité humiliante devant moi. Quelle vigilance pour garder toujours sa dignité… On mange sans excès, on boit sans excès… Ne me dites pas que vous vivez tous les jours entourés de telles forteresses, je ne le crois pas ! Pourquoi pas un quatrième verre, ou même un cinquième, Christine ? Le vin allège l'âme !

CHRISTINE. Moi aussi, j'aime la musique, Gilbert. Je voulais te le dire…

JACQUES. Alors pourquoi es-tu irritée quand je joue mes pitoyables morceaux d'écolier ? Pourquoi ne me laisses-tu pas cette heure de fantaisie chaque soir ?

GILBERT. Tu sais bien pourquoi, Jacques ! Tu ne possèdes peut-être qu'un faible élan artistique. Mais nous, Christine et moi, nous sommes même incapables de cela. Voilà pourquoi nous sommes jaloux, irritables, possessifs. Oh ! ce n'est pas très beau d'éprouver tout cela… !

CHRISTINE. Tu ne parles que pour toi-même, Gilbert. Moi, je suis irritée tout simplement parce que Jacques joue très mal.

GILBERT. Ce n'est pas supportable pour une femme comme Christine d'entendre chaque soir ce gémissement de moribond, cette plainte d'un agonisant qui aspire pourtant encore à la vie et qui en gratte le seuil. La phrase musicale ou la phrase écrite, c'est la même plainte répétée, le même désir de liberté. Ce n'est qu'une petite note, un mot mal écrit et cela gronde et menace la femme, les enfants, le foyer. C'est la vague qui mugit tout près. Mais Christine est forte, elle finira bien par anéantir Jacques. Il faudra qu'il se soumette… Et peu à peu la maison sera silencieuse. Nous n'entendrons plus ces sons maladroits. Même le bout de papier, il faudra le brûler… Le silence, la vie tranquille, vous aurez tout cela pour toujours !

CHRISTINE. Alors, vous croyez que je ne sers qu'à cela près de Jacques ? Détruire son esprit ? Prendre son corps ?

GILBERT. Oui, mais il a consenti à tout cela…

CHRISTINE. Tu te trompes, Gilbert. Ce n'est pas ma faute si Jacques refuse désormais de lire. C'est lui, le jaloux, le féroce. Il est si jaloux qu'il a brûlé les œuvres de Stendhal que nous avions ici, par pure méchanceté contre lui-même ! Par envie…

JACQUES. C'était un accident. Je ne voulais pas les brûler.

GILBERT. Au moins, voilà un acte plus révélateur que les autres. Jacques, sois violent, c'est bien ! Enfin un peu de vie !

JACQUES. Tu es toujours au-dessus de tout, toi !

GILBERT. Brûler, détruire, c'est apaisant pour ceux qui ne sont rien et qui ont le sentiment de leur indignité comme néant sur la terre. Je ne dis pas le contraire. Il faut se venger, Stendhal, mais pourquoi pas ? Tu as bien fait de lutter contre le fantôme du génie dont tu es privé. Voilà un tourment de moins ! Il te reste encore beaucoup de fantômes à tuer. Toutefois cela suffira-t-il à combler ton existence ? Mais Christine me disait qu'elle aimait la musique. C'est intéressant, cela. Pourquoi, Christine, dis-moi ? Pour mieux comprendre Jacques ?

CHRISTINE. Non, pour moi-même.

JACQUES. Elle n'aime que le violon… Cela correspond à un frémissement intérieur, dit-elle… Le sien…

CHRISTINE. Tu crois que je ne l'ai pas, ce frémissement intérieur dont tu te moques, Jacques, quand tu me parles.

JACQUES. Je n'ai pas dit cela.

CHRISTINE. Tu le penses. Tu crois que ta sensibilité est bien supérieure à la mienne.

JACQUES. Non, différente seulement…

CHRISTINE *(à Gilbert)*. Tu me respectes peut-être plus au fond, toi… Écoute, Gilbert, c'est un solo pour violon…

> *On entend une pièce un peu mélancolique, presque fanée…*

CHRISTINE *(après quelques mesures)*. Tu ne trouves pas que c'est beau?

GILBERT. J'aimerais savoir ce que tu penses en écoutant cela. Que se passe-t-il en toi?

CHRISTINE. Hélas, rien de bien particulier… Je me sens joyeuse, c'est tout.

> *Christine fredonne pour elle-même, rythmant sa phrase sur la musique du violon.*

Seule aujourd'hui seule demain Christine
Garder Jacques non pourquoi pourquoi
Il part il fuit je ne sais où
Silencieux pendant des heures
Un homme figé qui regarde ailleurs
Le séduire oui mais pourquoi
Avec lui je suis si seule…

> *Temps.*

GILBERT. C'est amusant de penser que des gens aussi ordinaires que nous, que chacun de nous trois contient sa petite mélodie.

Malheureusement, ce sont des chansons usées comme le monde !
Et moi, je suis si bête que je me laisse étonner par cela…

JACQUES. Tu peux encore être étonné, Gilbert ?

GILBERT. Mais oui, c'est l'illusion de l'innocence ! Une phrase dans
un livre, même une œuvre d'art bien morte dans son musée et je
m'étonne, je voyage. On ne change pas, hein ? Mais toi, Jacques ? Je
me demande bien ce qui pourrait encore te transpercer, t'émouvoir.
Je n'exagère pas. Quand je te dis que je te regrette comme si tu
n'étais déjà plus de notre monde, eh bien ! je te pleure… C'est ainsi !

JACQUES. L'étonnement dont tu te glorifies, c'est aussi une chose
très vieille et très usée ! Tu l'oublies sans doute !

GILBERT. La fraîcheur, nous l'avons laissée derrière nous, mon ami.
Et même notre destin, nous avons oublié de le réaliser. Pour parler,
faire des projets, tout allait bien, mais l'action… On se disait : *On a
le temps devant nous, ce sera pour demain !* Trop tard… soudain !

JACQUES. J'ai d'autres soucis que les tiens, Gilbert. Je ne pense jamais à mon destin. La philosophie n'est plus pour moi. J'ai des
responsabilités. Même à la fabrique, j'ai des hommes sous mes
ordres !

GILBERT. Sous tes ordres… Comme tu dis…

JACQUES. Mes responsabilités entraînent de nombreux problèmes… Naturellement, dès qu'il s'agit de licencier un ouvrier,
par exemple, je ne dors pas pendant des nuits. Rien ne semble
plus délicat, plus terrible. Tout en moi-même est remis en question. Toi, tu ne vis pas dans un monde aussi pratique que le mien.
Quand ta journée de travail est finie, tu l'oublies, tu n'as pas de
remords.

CHRISTINE. C'est vrai que le travail de Jacques est parfois un supplice. Que ferais-tu à sa place, Gilbert ? Peux-tu parler à un autre
homme rudement, comme à un inférieur ?

GILBERT. C'est la tâche de Jacques, pas la mienne.

CHRISTINE. Jacques est si bon… Il ne s'habitue pas à cette tâche.

GILBERT. Il est bon, Jacques? Tiens, cela m'étonne. S'il est bon, cela passe au second plan. D'abord les affaires, la bonté ensuite! C'est un rusé, ce Jacques débonnaire! Après tout, le voilà très riche… On ne fait pas cela sans faire souffrir un peu les autres…

JACQUES. Je ne m'enrichis que pour les miens.

GILBERT. Une belle excuse! Mais lorsque ton avenir sera, pour parler comme toi, *assuré*, alors que deviendras-tu? Que deviendrez-vous? Songes-tu à cela aussi? Avez-vous des rêves pour vous-mêmes, des rêves individuels? Un but?

Musique pour violon, en sourdine.

CHRISTINE. Il ne faut pas que les choses changent
Il voudra voyager partir
Là je le surveille nuit et jour
Souvent il ne me regarde pas ne me parle pas
Mais je sais moi qu'il mange sous mon regard
Qu'il vit sans cesse sous mon regard
Enchaîné oui tout à moi.

La musique cesse.

JACQUES. On pourrait voyager. Depuis notre voyage de noces, nous n'avons pas quitté la maison sauf pendant les vacances d'été, pour aller chez ma mère. Mais là-bas, c'est toujours pareil…

Musique pour violon, en sourdine.

CHRISTINE. Oui mais chez sa mère je le vois
Il joue avec les enfants se baigne dans l'étang
Je le vois du matin au soir
Le paysage n'est pas vaste
Je peux le voir marcher d'un bout à l'autre de la plaine rase
Je le vois debout en pleine lumière

Ici c'est différent dès qu'il ferme la porte le matin
Je ne sais plus où il va son esprit son corps sa pensée m'écartent.
Toute la journée dans sa fabrique sans doute écrit-il ces phrases
Puis il rentre et je suis rassurée
Je l'habille je le nourris, il ne pourrait pas vivre sans moi
Je n'aimais pas le voir lire ses yeux se fermaient
Ces pensées inconnues étrangères à moi
Il partait de si loin.

La musique cesse.

GILBERT. Votre voyage de noces, quel beau souvenir pour moi! J'étais près de vous, dans vos valises même. Déjà je rêvais de briser toutes vos illusions!

JACQUES. En pensée… Oui, tu nous accompagnais peut-être!

GILBERT. Je voulais tout empêcher mais je n'ai pas réussi. Toi et ta volonté de mourir, toi l'insatisfait, tu allais donc te marier comme tout le monde? Ah non, c'était trop absurde! C'est le sort de tous les adultes! Tu as sans doute bien fait…

JACQUES. Je ne regrette rien.

Violon, en sourdine.

CHRISTINE. Il ne voulait pas de ce mariage.

Mais je savais comment le retenir. Les femmes ont toujours la même arme: un enfant. Mais il ne voulait pas. C'était médiocre, disait-il, médiocre d'enfanter, de mettre au monde Pascal. Mais ensuite je pouvais lui dire: *Tu dois m'épouser…* Il ne pourrait plus jamais me quitter. J'avais cette certitude. Moi, il m'aime, cette certitude, oui, je l'ai, mais l'autre… Ce que Jacques est au fond de lui-même, ce qu'il pense, je ne sais pas… Il n'aime pas Pascal, il l'humilie. Sa sœur, oui, c'est un peu comme moi-même… L'homme, le séducteur, le père. Peut-être en jouant ce morceau de Schumann tous les soirs, peut-être comprendra-t-il qu'il doit aimer son fils…

L'un près de l'autre jouant le même morceau…
Liés par la même mélodie…
Mais pourquoi ce sentiment d'échec, pourquoi?

La musique cesse

GILBERT *(après un temps)*. Je me souviens. Même au temps de votre voyage de noces, il me semble que vous aimiez danser ensemble dans une chambre d'hôtel, les lumières éteintes, l'un contre l'autre, au rythme d'une mélodie morte… Et puis vous avez eu un enfant, Pascal. Ensuite, un deuxième…

CHRISTINE. Moi, je désirais un fils. Jacques préférait une fille…

Violon, en sourdine.

CHRISTINE. Je n'aime pas Gilbert non je ne l'aimerai jamais
Peut-être même que je le hais
Si sûr de lui-même de Jacques de moi
Et Jacques n'a plus la même nostalgie de sa jeunesse
Pourtant il est jeune encore Jacques mon Jacques
Mais toujours ce retour à l'intelligence de Gilbert à l'humour
de Gilbert tous ces projets qu'ils avaient formés ensemble
Gilbert ne reviendra plus à la maison ce sera interdit
Il faut que je protège Jacques contre lui-même
Même pendant notre voyage de noces il pensait à Gilbert à leurs
voyages aux livres. Quand Gilbert revient il lui dit
Tu dois écrire Jacques écrire
Non il ne reviendra plus.

La musique cesse.

GILBERT. Je ne te plains pas, Jacques Ta vie t'appartient. J'ai bien assez décidé de choses à ta place!

JACQUES. Nos ambitions intellectuelles ressemblaient à celles de beaucoup de jeunes gens. Nous avons tous les mêmes rêves à vingt ans! J'ai pris conscience de cela avec le recul. Il ne peut pas y avoir de vie stable sans sécurité, vois-tu…

GILBERT. Oui, je connais le refrain!

JACQUES. Enfin, tu veux vivre comme nous vivions autrefois, affamés et dissolus, sans argent, sans toit, dans une sorte de délire intellectuel pour tout et pour tous?

GILBERT. C'était une belle époque quand tu étais pauvre, quand je l'étais. Nous ne délirons plus assez, nous mangeons sans appétit, nous dormons sans plaisir. Les moments de surprise, il faut presque les inventer... Autrefois, c'était spontané!

JACQUES. Je te répète que je ne regrette rien! Ma vie présente est ma seule vie, tu comprends? Ma femme, mes enfants, mes seuls liens!

CHRISTINE. Gilbert aime te provoquer. Tu crois que nous sommes bien médiocres, c'est cela, Gilbert?

GILBERT. Médiocres, ça oui, nous le sommes! Mais être médiocre avec soi-même dans la solitude, ce n'est pas un crime. Ce n'est rien, ni bien ni mal, seulement ennuyeux. Vous, vous êtes médiocres à deux. Quelle charge! Le mariage est parfois souvent cela, le couronnement de deux médiocrités étrangères l'une à l'autre...

JACQUES. Encore de la jalousie!

GILBERT. Non, de la tristesse.

CHRISTINE. On ne peut rien contre la médiocrité, la sienne ou celle des autres.

GILBERT. Sinon la juger... Mais cela même est une chose vaine. Je vous critique tous les deux. Je vous arrache lentement la peau. Je me condamne et je vous condamne. En même temps je savoure un bon repas. Non seulement je vous mange, mais je mange une côtelette d'agneau. Je mange en plus quelqu'un d'autre. Et ce banquet, nous en avons tous tellement l'habitude que nous nous en portons plutôt bien. L'estomac digère bien ses crimes. L'âme aussi, évidemment...

JACQUES. Malgré tout ce que tu dis, nous sommes bien ensemble, tous les trois.

CHRISTINE. Quand nous sommes tous ivres, oui…

GILBERT. N'oublie pas, Christine, que Jacques a besoin de deux colonnes tyranniques pour se tenir debout. Toi pour le corps et moi…, pourquoi exactement? La conscience? Le souvenir? Je ne sais pas…

JACQUES. Chacun de nous a dans la vie ses moments de grâce. Les miens sont terminés maintenant.

GILBERT. Parfaitement? Tu as été contemplé, tu as été admiré, tu te retires…

JACQUES. On change, on imite les autres aussi. Quoi de plus normal…

GILBERT. Et ce sourire jadis emprunté aux statues grecques, ton sourire, que devient-il avec le temps? Non plus un sourire, mais un rictus! Ah! comme je souhaite que Pascal ne te ressemble pas dans tes faiblesses! Tu l'as introduit dans la vie par distraction! Tout est distrait dans ta nature. Un être humain qui vient au monde par distraction, as-tu pensé à cela un peu? Tu me parles de mon aspect stérile, Jacques. Mais le tien? Ce n'est pas toi qui distribues l'amour, c'est Christine. C'est elle qui aime, qui prend, qui possède. Toi, tu es passif, tu n'aimes que recevoir, comme autrefois! La personne tragique de ce drame, le seul personnage, c'est Christine, ce n'est pas toi!

CHRISTINE. Il y a quelques instants, tu disais pourtant le contraire!

GILBERT. Je crois que tu risques tout pour Jacques et que Jacques ne risque rien pour toi. Tu l'aimes sans espoir…

JACQUES. Je ne suis donc pour toi qu'un cadavre?

GILBERT. Une sorte de cadavre, oui.

JACQUES. Tiens, qui l'aurait cru?

CHRISTINE. Peu importe, Gilbert! Moi, j'aime Jacques et tu ne peux pas détruire mes sentiments pour lui. Je crois qu'il était fait pour une vie utile, sans complications, une vie de famille comme la nôtre. Est-ce donc si médiocre de faire face à la vie à deux, d'élever des enfants?

GILBERT. Est-ce médiocre de regarder chaque soir la télévision assis côte à côte, les enfants à vos pieds? Le fils souffre déjà un peu car il ne se sent pas aimé. Quant à la fille, elle ressemble à sa mère et tient dans ses bras, d'un air dominateur, la poupée qui est le futur enfant. Et pourquoi pas le futur mari assassiné? C'est émouvant, on rit ensemble du même rire. Le dimanche toute la famille est unie pour la promenade sainte dans la nature. On admire ensemble les mêmes arbres, on va au jardin zoologique... Cela s'appelle-t-il faire face à la vie? Non, la vie, Jacques l'a aperçue une fois, sur son lit d'hôpital, mais ce fut vite oublié...

JACQUES. Et mon père, l'alcoolique que l'on trouve mort, abandonné de tous comme le dernier des hommes, un soir dans la rue?

GILBERT. Tu l'as oublié, lui aussi. Ce n'est plus qu'un fantôme que tu revois dans ton cauchemar, toujours le même cauchemar qui revient.

JACQUES. Pourquoi penser à cela, dis-moi? C'est une histoire dégradante. À quoi bon y retourner? Mes enfants seront des enfants heureux. Je ne serai jamais la cause de tant de malheurs autour de moi.

GILBERT. Non, jamais. Et pourtant, quelle perte!

JACQUES. Je ne voulais pas me perdre. Il est permis de souhaiter une vie paisible, tu sais.

GILBERT. Nous sommes des êtres dont la vie est sans fruits. La vie intérieure, je veux dire… Celle qui justement ne compte plus pour toi. Tu as renoncé à cela. Moi, non. Je vois que je ne suis qu'un consommateur de l'art, de la pensée des autres. Quel vide, quand on y réfléchit bien !

JACQUES. Sois sans inquiétude devant cela ! D'autres apporteront au monde ce que tu ne peux lui donner. Voilà ce que je me suis dit… Je n'ai jamais été un artiste, même si tu avais la générosité de m'en prêter l'âme. Au fond du cœur, le Jacques que tu as connu autrefois, tu aurais pu le juger aussi médiocre que le Jacques d'aujourd'hui…

CHRISTINE. C'est toi, Gilbert, l'âme de l'artiste… Toi seul… Jacques était un garçon ordinaire… Il te déçoit cruellement parce qu'il ne peut pas vivre ton destin pour toi, n'est-ce pas ? C'est un malentendu entre vous deux… Un malentendu de jeunesse !

GILBERT. Jacques a volontairement mutilé une partie de lui-même. Mais c'est fréquent, cela…

CHRISTINE. Pour vivre avec moi ? Moi, la médiocrité ? Le plus médiocre de nous deux, c'était peut-être lui, c'était peut-être Jacques.

GILBERT. Peut-être…

JACQUES. Enfin, qu'est-ce que vous me reprochez, tous les deux ? Est-ce que je ne gagne pas bien la vie de la famille ? Tu m'as imposé cette vie, Christine, tu le sais bien, cette vie avec Pascal…

CHRISTINE. Tu l'as choisie avec moi, cette vie. Tu l'as acceptée.

GILBERT. Mon Dieu, que c'est triste tout cela… Heureusement, je n'ai que moi-même à porter jusqu'au bout. Être accablé de soi-même jusqu'à la fin de ses jours, quel amusement ! Toi, Christine, tu éprouves le poids pour deux… trois… quatre êtres… Quel courage !

CHRISTINE. Je ne suis pas la première à vivre ainsi.

GILBERT. Depuis des milliers d'années, n'est-ce pas incroyable? Tout finit sur ton cœur et dans tes bras, Christine. Même Jacques qui aimait tant les voyages, les fugues à travers le monde, le voilà bien enfermé dans son refuge. Les arômes défunts de l'art ne sont plus que poussières… Nous n'irons plus jamais admirer les temples de la Grèce… tu le gardes religieusement contre toi, ce garçon sauvage!

JACQUES. Pourquoi ne pas partir tous les trois, oui, pourquoi pas…? En Grèce…

GILBERT. Je suis trop fatigué.

CHRISTINE. Et toi, tu es ivre, Jacques.

JACQUES. Non, je veux partir… Nous serons très heureux, tu ne crois pas, Gilbert? Chaque matin, dans le métro, je me dis en allant au bureau : *Mais pourquoi ne pars-tu pas, loin, très loin?* Et je me sens de plus en plus enraciné, englouti parmi les autres travailleurs. Soudain mon oreille devient extraordinairement sensible à tous ces bruits que je déteste. Ce vacarme dans la ville, tous ces bruits que je hais me pénètrent malgré moi. Même la vieille femme qui éternue dans son mouchoir, je l'entends. Une chaise que l'on remue… Tous ces bruits, si tu savais, c'est effrayant! Cela ne cesse jamais! Jamais!

CHRISTINE. Tais-toi…

Des pas se rapprochent rapidement.

PASCAL. Tu as crié, papa?

JACQUES. Non, nous parlions entre nous… Entre grandes personnes, retourne à tes devoirs.

PASCAL. Et notre Schumann, papa? C'est l'heure…

JACQUES. C'est l'heure, déjà!

CHRISTINE. C'est irritant, Pascal, chaque soir, ce même morceau. Il y a des bruits qui m'exaspèrent, moi aussi.

JACQUES. De toute façon, je vais bientôt cesser. Je suis trop vieux pour la musique. Tu ne trouves pas que je suis trop vieux, Gilbert ?

GILBERT. Quelle différence entre ton âge et le mien ? Moi, j'ai trente-cinq ans et toi tu n'as plus aucun âge ! Tu les a dépassés, tes âges, un centenaire qui n'a pas vécu.

JACQUES. Toujours ton ironie ingrate ! Je suis quand même content de te voir, très content…

CHRISTINE. Voilà qui m'inquiète, Gilbert. Dans ton exemple de la médiocrité, dans toute ta théorie sur le mariage, je me demande s'il y a là un peu de vérité. Tu dis que le médiocre épouse la médiocre. Moi je pense que Jacques était déjà médiocre. Du moins assez pour m'aimer, moi.

GILBERT. Oui, l'un attire l'autre vers le même piège…

JACQUES. Tous les deux, vous aimez former un être à votre image. Je n'y peux rien si chacun de vous voit en moi une sorte de cadavre…

GILBERT. Pour Christine, c'est au moins un cadavre exquis du dehors…

CHRISTINE. Mais c'est terrible tout ce que nous racontons là, Gilbert ! Jacques est vivant, et je l'aime. Je l'aime aveuglément, éperdument parfois, n'est-ce pas Jacques ?

JACQUES. Gilbert nous arrache nos vérités mauvaises. Il est content quand il nous voit souffrir l'un par l'autre.

GILBERT. Demain, tout sera oublié, je ne serai plus là. Finie la tempête. Comme vous serez bien ! Il n'y aura plus que quelques bruits discordants à l'oreille, au cœur de Jacques…

JACQUES. C'est l'alcool… C'est l'ennemi… Je n'ai pas fait assez attention. Dis-moi, Christine, tu ne penses rien de tout ce que tu as dit, n'est-ce pas ? Tu sais, le cadavre et tout cela, tu n'en penses rien ?

CHRISTINE. Non, je mentais. Je voulais répondre au mépris de Gilbert, c'est tout.

JACQUES. Je ne pourrais plus vivre à tes côtés si je sentais que tu vois en moi ce mort, ce poids à porter, tu comprends?

PASCAL. Papa... le Schumann...

JACQUES. Ah! tu es encore là, toi?

CHRISTINE. Attends après le dessert, Pascal. J'ai pensé à Gilbert pour la tarte...

GILBERT. Je suis méchant mais je vous offre l'occasion, une fois par année, de penser aux autres. Vous ne recevez jamais personne ici?

JACQUES. Parfois, ma mère...

GILBERT. Vous n'avez plus d'amis?

JACQUES. Nous t'avons, toi...

GILBERT. Et les ouvriers de ta fabrique, ils viennent parfois?

JACQUES. Non... J'ai trop besoin de distance avec eux. Et eux avec moi...

GILBERT. Je comprends.

JACQUES. Il est naturel de préserver sa vie privée. Ne me regarde pas de cet air accusateur!

CHRISTINE. Voici la tarte aux pêches que tu aimes, Gilbert...

GILBERT. Quelle délicatesse d'avoir pensé à moi, Christine. Tu me gâtes trop, je ne voudrai plus partir. Deux hommes, ce n'est pas trop pour une femme!

CHRISTINE. Tu méprises les femmes pour me parler sur ce ton.

GILBERT. Non... Ce n'est que de la provocation! Vous avez tous les deux la peau si blanche et si propre! Alors je vous griffe un peu. On dirait que cela vous anime, de m'entendre! Vous êtes un seul et même être! Vous utilisez les mêmes savons, vous avez le même parfum, pourquoi vous unissez-vous? Ce n'est pas nécessaire, c'est déjà fait!

CHRISTINE. Tu ne comprends rien à ces choses-là, Gilbert.

GILBERT. Ma solitude m'apprend beaucoup… beaucoup trop même! Mais pourquoi n'accordes-tu pas à Pascal son Schumann, Jacques? C'est innocent et j'adore les tableaux de famille…

JACQUES. Non, pas ce soir… Je suis un peu étourdi, je ne me sens pas très bien…

GILBERT. N'oublie pas que je ne reviendrai que l'an prochain… que je m'éloigne de plus en plus, moi aussi, comme tous les souvenirs!

JACQUES. Tu y tiens vraiment?

GILBERT. J'aime suivre tes progrès; même l'an dernier, ce n'était pas si mal…

JACQUES. Je joue sans inspiration, tu comprends? Il vaudrait mieux renoncer. Et Pascal apprend plus vite que moi…

PASCAL. Viens, papa…

JACQUES. Je me résigne, alors, il le faut bien…

GILBERT. Merci, Jacques, c'est une bonne pensée…

Jacques et son fils jouant le morceau de Schumann.

CHRISTINE. J'aime les voir ensemble, pas toi?

GILBERT. Ils sont trop semblables.

CHRISTINE. Je ne suis pas de la même race qu'eux…

GILBERT. Pourquoi dis-tu cela?

CHRISTINE. Je ne pénètre jamais leurs pensées, je ne les comprends pas. Tu vois, c'est Pascal qui a l'inspiration, pas son père… l'oreille de Jacques, c'est encore quelque chose en lui qui est mutilé… Il est sourd à tout ce que je lui dis, à tout ce que je suis…

GILBERT. Tu crois?

CHRISTINE. C'est un sourd, il te dira qu'il entend des sons, des voix, mais c'est un sourd. En lui, c'est le silence comme au fond de la conscience d'un noyé. Il t'a parlé de ses bruits, de ses mauvais rêves afin que tu t'intéresses à lui, c'est comme ses fragments de poèmes que je trouve, on ne peut pas lire ce qu'il a écrit, tout diminue, rétrécit, avec le temps il n'y aura plus rien…

GILBERT. Non, que le silence…

JACQUES. Cela vous déplaît?

CHRISTINE. Non… c'est bien…

GILBERT. Il y a même quelques progrès…

JACQUES. C'est faux, je ne progresse pas, vous le savez bien, vous ne m'écoutez même pas!

GILBERT. Je t'écoute… moi, je t'assure, continue, c'est merveilleux mais si triste, n'est-ce pas, Christine, il est merveilleux, Jacques?

CHRISTINE. Oui… merveilleux…

Fièvre

Fièvre *a été créé à l'émission* Premières *de la radio FM de Radio-Canada, le 11 octobre 1973, dans une réalisation de Madeleine Gérôme.*

Personnages
    Femme
    Homme

Nous sommes dans un pays arabe. C'est un jour de marché. Parmi les rumeurs diverses, une mélopée réussit à percer…

FEMME. Les acrobates s'épuisent à danser depuis l'aube. Je les vois de la fenêtre de notre luxueux hôtel. Ils s'agitent. Leurs cris et leurs mouvements me tourmentent sans cesse… Dix jeunes garçons parmi les plus pauvres du monde, peut-être… Un fleuve de sueur ruisselle de leur peau noire… Ils dansent, ils dansent. Lorsqu'ils s'arrêtent, c'est pour mendier dans la foule… Mais nous, mon mari et moi, nous partageons calmement notre déjeuner. Le soleil n'est pas encore chaud sur la terrasse… Dix jeunes garçons parmi les plus beaux du monde… Mais lui, mon mari, un homme qui sait tout, me dit en me caressant la joue :

HOMME. Il ne faut pas exagérer. Ici, la beauté est la mort…

FEMME. Et il boit sa tasse de café, souriant au ciel bleu d'un air lointain.

HOMME. Jusqu'ici, nous avons eu de belles vacances.

FEMME. Oui, oui. Merci de m'avoir offert ce voyage. C'est dommage que les enfants oublient de nous écrire… Je dis merci par habitude, comme les petits esclaves de ce pays baisant la main qui les étouffe, cette main qui les étreint dans des liens de douces servitudes… Merci, merci de m'avoir offert ce voyage à l'abri de la réalité. Dans les bras de l'homme, contre son corps ami, ses vêtements familiers, son odeur d'homme impeccable…

HOMME. Je crois que nous sommes assez heureux.

FEMME. Oui, oui…

HOMME. J'espère que cela ne te dérange pas trop…

FEMME. Quoi donc ?

HOMME. Tu sais, ce que nous voyons au loin…

FEMME. La misère ?

HOMME. Si tu veux. J'espère que cela ne t'empêche pas de te reposer un peu, malgré tout…

FEMME. Son visage doré par le soleil se referme. Je ne vois plus qu'une tête renversée contre la chaise longue. C'est donc cela un visage baigné de bonheur, c'est ce cercueil ?

HOMME. Je te connais.

FEMME. Il murmure cela, les lèvres closes. Même pour fumer il entr'ouvre à peine les lèvres. Il est las aujourd'hui.

HOMME. Oui, je sais que tu n'aimes pas le repos. Ah ! J'ai une femme bien singulière.

FEMME. Il me montre ses dents blanches. S'il savait combien j'ai honte de tant de blancheur. Les dents, la peau, même son costume, tout en lui est cynique de blancheur ! C'est pourtant la première fois que je le remarque. En Europe et partout ailleurs, il ne me déplaisait pas. Nous étions complices : une vieille liaison, un vieil époux, de vieux enfants déjà. Tout cela m'appartient. Si je n'avais pas eu la fièvre toute la nuit, si je n'avais pas vu danser les acrobates… je fixais mon regard sur eux, je ne pouvais cesser de les contempler. Les yeux et l'âme calcinés, je me laissais brûler par leur musique…

Si j'avais été plus raisonnable… Déjà il le sent, il sent tout, il me connaît.

HOMME. Si tu avais été plus raisonnable, tu ne serais pas malade de chagrin maintenant…

FEMME. Je ne suis pas malade de chagrin, c'est seulement une migraine… Plusieurs personnes de l'hôtel ne se sentent pas bien aujourd'hui.

HOMME. C'est peut-être la sécheresse. Il faut guérir. Demain nous irons à Agadir… Toi et moi…

FEMME. Cette voix un peu sournoise me berce. On dirait qu'elle veut m'apaiser.

HOMME. Allons, n'aie pas peur. Ce voyage n'est qu'une balade dans l'horreur pour toi, mais dans quelques jours nous retournerons dans notre monde civilisé… Tu oublieras tout. Tu reverras ta maison et tes enfants…

Trop de soleil, c'est mauvais. On voit trop de choses dans cette lumière barbare, dans cette transparence qui tue. Tout cela grouille, vagit, gémit, hurle, mendie avec obscénité… Sont-ils vraiment des hommes? De loin, on dirait des grappes de poux, des insectes aux mouvements éperdus…

FEMME. Il parle naturellement, sans trop réfléchir. Il longe la terrasse d'un pas dolent en fumant une cigarette.

HOMME. Mais tu as raison, chérie. Il y a quelque chose de mélancolique dans ces vacances…

FEMME. À son tour, il contemple la ville. Mais son regard est vite déçu.

HOMME. Après tout, c'est pour le soleil que nous sommes ici, n'est-ce pas?

FEMME. Le soleil… La lumière céleste se marie à la blancheur de cet homme. Il irradie de propreté tranquille. Il bâille et il s'étire sous les rayons de ce soleil apprivoisé comme sa femme et ses enfants.

HOMME. Comme on est bien.

FEMME. L'hôtel est construit sur un océan de misère. Mais il a raison, on est bien. La ville est construite sur le malheur de milliers de gens, mais on est bien ici. D'ailleurs, la ville… Bien souvent les touristes ne la voient pas. Ils ne lèvent les yeux que vers la béatitude de santé, le soleil…

HOMME. Le bonheur de nos vacances !

FEMME. Le soleil, le soleil ! Il faut se méfier des regards indiscrets, de ces regards qui pénètrent les profondeurs de la ville…

Des grappes de poux, oui, c'est cela.

Vous les regardez et ils commencent à croître soudain.

Vous posez le regard à leur niveau et ils s'animent.

Voilà qu'il faut les respecter et les appeler des hommes, car ils en ont la taille.

Ils vous frappent, vous parlent et vous touchent. Ils déchirent votre peau insensible, toute de blancheur et de surdité vêtue.

Mais eux, même s'ils appartiennent à une caste abjecte dans votre conscience, ils ont le pressentiment qu'ils pourraient bien être comme vous, des hommes du moins. Ils ont un corps pour vous supplier, des mots désespérés et des mains. Donne, donne… demandent-ils. Non, on ne sait vraiment pas ce qu'ils attendent de nous. Ils parlent une langue étrangère et ils poussent des cris étrangers. Ils disent peut-être : Toi le dieu homme, roi d'Europe, d'Amérique et de ta civilisation blanche immaculée, toi assassin, donne-nous la vie !

Ils ont soif et ils ont faim. Leur prière monte dans la nuit…

Temps.

FEMME. Mais c'est étrange, nous ne pouvons pas résister… Lavés jusqu'au cœur par la lumière de notre vaste soleil impur, le ciel est à nous. Le ciel est domestiqué… Il est calme, notre ciel…

Polis par l'eau de la piscine iridescente, brisés de chaleur, nous ne résistons pas, lui et moi...

Nous descendons vers la rue. C'est l'enfer, nous le savons. Mais propres et frais nous allons du même pas dans cet enfer. La misère est là, géante, noire et suante. Mais nous aimons le défi.

Levant la tête très haut parfois, je prends le bras de mon mari.

HOMME. Oui, c'est plus prudent ainsi. N'oublie pas de surveiller ton sac, ces sales gamins nous suivent partout...

FEMME. Soudés l'un à l'autre, le cœur trouble et les lèvres sèches, nous entrons dans la fournaise. La foule nous oppresse et nous attire. Les sons inexorables des tambours nous assiègent. Mais nous marchons lentement, lui et moi, comme en songe... C'est si près de nous soudain, cette musique merveilleuse et monstrueuse à la fois. Elle semble venir du fond de nous-mêmes...

Nous tremblons de délire et de fièvre, comme eux, les danseurs, comme ces chétives silhouettes d'acrobates bondissant vers nous... Mais si nous tremblons, nous ne le disons pas... Nous sommes d'ailleurs. Nous ne sommes pas d'ici. Vous voyez bien que cette grotesque marée humaine nous répugne...

HOMME. Quelle saleté. Attention, ce jeune homme va cracher sur toi...

FEMME. Les sons des tambours, du matin à la nuit. Et puis, la rémission...

Temps.

FEMME. On peut se détendre enfin. Mais je ne puis dormir. Je le regarde. Sa main brune repose sur les draps et je me dis pour la première fois : C'est malsain un homme qui dort après une pareille journée, après avoir vu tant de... Mais le mot, non il ne faut pas le prononcer, il l'a dit :

HOMME. Nous sommes en vacances...

FEMME. N'est-il pas là pour me protéger, cet homme?… Me protéger contre la réalité du monde s'il le décide?… Je dois mesurer mes paroles et mes pensées. Je dirai aux enfants, à notre retour: Là-bas, c'était le paradis. Nous avons vu des fleurs exquises et des palmiers. Le parfum des orangers nous enivrait. C'était un parfum très fort…

HOMME. Tu comprends, si tu leur racontais tout ce que tu as vu ici, tu pourrais offenser leur sensibilité. Ils sont trop jeunes encore… Plus tard, peut-être…

FEMME. Son costume blanc souillé, ses chaussures… Déjà la poussière nous recouvre… Je marche prudemment derrière lui. Il me garde… D'un geste magnanime, de sa main droite il désigne les murs roses de la ville dans l'âcre chaleur pourrissante… Oui, c'est beau!… De l'autre main, il repousse un adolescent en haillons. M'sieur, ti veux un guide, ti veux causer?

Non non. Il veut écarter l'enfant… Doucement d'abord.

HOMME. Allons, mon petit…

FEMME. Américain, m'sieur? La petite voix plaintive nous poursuit. Des sous, m'sieur?

Il faut le repousser avec violence. Pourtant il ne part pas. C'est obstiné, la misère, on ne lui parle pas avec douceur… Si l'adolescent s'enfuit, c'est en se moquant de nous. Son corps long et maigre, sa voix, ses haillons, tous ces fantômes de lui marchent longtemps derrière nous. Et le soir lorsque les tambours se taisent… on l'entend qui revient, martelant le silence de votre âme et de votre sommeil, à grands coups véhéments. M'sieur, par pitié, m'sieur, des sous, m'sieur!

HOMME. Si nos fils savaient combien ils sont privilégiés. Ah! s'ils savaient… Je leur parlerai à notre retour…

Temps.

FEMME. Le retour, oui! Mais je ne reviendrai peut-être pas avec lui... Où aller? Je ne sais pas encore... Mais le fuir, lui et son regard paternel et froid, lui si satisfait qu'il peut dormir la nuit.

HOMME. Alors, encore cette migraine?

FEMME. Mais je lui dis à voix basse... Peut-être ne pourra-t-il pas m'entendre car la musique sauvage nous enveloppe... Tam tam tam tam. Écoute... écoute...

HOMME. Oui. Qu'y a-t-il?

FEMME. Depuis combien d'années sommes-nous ensemble? Tu ne penses pas parfois que ce fut trop long? Toute cette étendue de temps entre nous deux... Trop de souvenirs entre nous, trop d'humiliations, trop d'amour... Tu ne penses pas que ce fut une éternité? C'est trop long une éternité de joie pour deux êtres seulement. Mais lui n'entend pas.

HOMME. Certains se plaignent de la nourriture à l'hôtel. Moi, je pense que c'est très bien. Qu'en penses-tu, toi?

FEMME. Une abondance exécrable oui! Quand je vois ces corps gras, je ne veux plus jamais manger.

HOMME. Si seulement la prière coranique ne nous réveillait pas toutes les nuits... Enfin, il faut bien que ces pauvres gens prient... Quand on meurt de faim comme eux, prier est peut-être une forme de consolation...

Temps.

FEMME. Ils prient pour ne pas mourir. Il faut bien que Dieu ait des esclaves. Nous en avons bien, nous! L'Européen et l'Américain en vacances, nous, tous les éphémères dans ce pays et dans cette ville, nous sommes jaloux de cette voix éternelle dans la nuit... Ils prient... Encore? Nous nous retournons furieusement dans nos lits... Quand donc ces barbares cesseront-ils de prier leur Dieu étranger? Ils prient ainsi depuis deux mille ans... Nous, ils n'y pensent pas, bien sûr! Nous sommes ici pour la mer et le soleil; pour nos corps seulement. Ces lamentations mystiques nous irritent… Quelle indécence pour eux, ces êtres qui ne sont rien! Quelle indécence d'avoir une âme et un Dieu! Nous leur arracherons bien un jour cette vie intérieure, il le faut!

Temps.

HOMME. Dis-moi, chérie, que veux-tu que je t'achète aujourd'hui dans les souks?

FEMME. Rien. Je n'ai plus soif et je n'ai plus faim. Tu sais, je préfère te le dire dès maintenant. M'entends-tu? Je pense que je devrai partir quelque temps… Ne pas revenir avec toi, à la maison, au foyer comme tu dis…

HOMME. Mais partir où? Nous sommes en voyage, tu n'es pas contente?

FEMME. Il n'a pas compris… S'il avait compris, je pourrais le sentir à un léger choc, un mouvement de surprise, un frémissement… Je le connais, moi aussi, cet homme…

HOMME. Où veux-tu donc encore aller, créature instable? En Égypte? Où? Dis-moi… Tu sais que j'aime te faire plaisir…

FEMME. Seule! Je veux être seule, tu n'as pas compris? J'ai besoin de réfléchir… Tout ce que j'ai vu ici, je crains de ne l'avoir vu que par tes yeux. Les miens sont des yeux aveugles, des yeux blancs. Il faut que je m'éveille à moi-même. Il faut que je marche seule.

Sans toi pour me dire constamment:

HOMME. Tu dois oublier à mesure ce que tu as vu. Tu dois tout effacer de ta mémoire, ne laisser filtrer en toi-même que la saine chaleur du soleil… Rien d'autre…

FEMME. Il rit. Non, il ne peut pas y croire.

HOMME. Allons dans les souks avant la grande chaleur. Regarde cette couleur du ciel, n'est-ce pas superbe?

FEMME. Et maintenant il parle de l'arôme des épices. Il sourit à d'humbles marchands accroupis… C'est un homme moderne, grand, un peu fatigué, promenant avec lui une femme et un appareil photo suspendu à son cou. Toujours prêt l'appreil photo…! Quel objet de ravissement et d'illusions! Toutes ces photos, toutes ces images idylliques que nous préparons pour les enfants!

Même le jeune guide en haillons, il l'a photographié… Si charmant, ce garçon dans ses sandales trouées, irrésistible! Vous voyez ce garçon? Il a douze ans lui aussi mais déjà il ne va plus à l'école. Il est trop pauvre. Vous avez de la chance vous, d'être si choyés…

Et sur le grand écran familial une autre photo apparaît. C'est l'enchanteur de serpents. Des serpents magnifiques!… Ils ondulent royalement au son des flûtes… Regardez, regardez, mes petits…

HOMME. Ah! ils n'ont pas de venin, vous savez…

FEMME. Il faut adoucir toute violence. Il ne faut projeter que la beauté de l'univers, non sa laideur et sa puanteur. Un monde dans lequel tout sentiment humain est paralysé, inerte.

    Temps.

HOMME. Non, mais tu n'es pas sérieuse.

FEMME. Il est plus pâle enfin!

HOMME. Tu n'es pas sérieuse avec cette histoire de départ…?

FEMME. Ce que j'aimerais, vois-tu, c'est vivre seule ici parmi eux. Vivre comme eux. Quelques jours, pour comprendre. Je n'aurai sans doute pas le courage de vivre une seule heure dans une telle misère. Mais je peux m'y efforcer…

HOMME. Tu es folle. Tu veux te détruire. Je ne te laissera pas faire…

FEMME. Je veux détruire une personne en moi-même que je n'aime plus. Est-ce que je n'en ai pas le droit?

HOMME. Je suis encore là. Je te protégerai contre de telles chimères.

Tu es fiévreuse, chérie. Tu es malade dans ce pays. Nous irons dans le désert. Tu verras, ce sera merveilleux…

FEMME. Pas avec toi. C'est fini…

HOMME. Pourquoi? Qu'est-ce qui est fini?

FEMME. Nous deux. Je ne nous aime plus. Ce que nous sommes ensemble me gêne. Je voudrais mourir de honte plutôt que de rentrer avec toi à l'hôtel ce soir…

HOMME. Écoute, c'est absurde tout cela, absurde! Je vois bien que tu n'as pas ta raison, en ce moment. C'est une maladie, un accident. Tu guériras. Non, je ne le permettrai pas…

FEMME. Je suis libre. C'est naturel d'éprouver cela. Je hais ce que nous sommes. Il fallait te le dire. Je t'aime et je t'estime assez pour te le dire…

HOMME. Tu n'es pas libre. Pas de cette manière du moins. Tant que je vivrai! Et puis, dans ton égoïsme tu oublies les enfants…

FEMME. Je ne les oublie pas. Mais c'est de la bassesse de ta part de me lier à toi en parlant des enfants…

Nous pourrions nous quitter ici, dans les allées sombres des souks. Oui, je pourrais le quitter là, ne plus jamais le revoir… Mais ces frêles chemins noirs qui s'ouvrent à moi m'effraient soudain.

HOMME. Prends mon bras.

FEMME. J'obéis mécaniquement. C'est mal, je sais…

HOMME. Tu vois bien que tu n'es pas chez toi, ici. Ces hommes ne sont pas de ta race. Tiens, je te laisserais parmi eux qu'ils pourraient tour à tour te violer et te tuer… Regarde ces yeux avides qu'ils lèvent vers toi!

FEMME. Avides mais tendres. C'est que je ne sais pas ce qui se passe en eux. Ma propre ignorance est un voile entre eux et moi, parfois même une sorte de rideau de terreur. Il faudrait apprendre.

HOMME. Tu as tort d'avoir confiance en eux. Ils mêlent la douceur à la barbarie dans tout ce qu'ils font... Tu as bien vu le mendiant qui battait son âne squelettique hier, dans la rue? Tout de même, c'est un autre monde, une autre civilisation...

FEMME. Le mendiant était squelettique lui aussi. Plus que l'âne. Lui et l'âne, un vieux couple aussi! Un couple martyr au soleil... Aucune pitié, c'est vrai... Mais la pitié, c'est pour nous... Nous sommes nourris, nous sommes aimés. La pitié, c'est pour nous!

HOMME. As-tu pensé à ce que tu deviendrais, toi, une femme si délicate? As-tu pensé à ce que tu deviendrais, seule ici?

FEMME. Je pourrais commencer à vivre autrement que par mes désirs. Tu m'as toujours donné tout ce que je voulais. Je n'espérais plus rien. Maintenant, c'est différent. Je dois aller au bout d'une souffrance. C'est une souffrance banale, je sais...

HOMME. Je t'amènerai de force dans un hôpital psychiatrique plutôt que de te laisser seule ici. Je suis un homme responsable. Et puis je t'aime. C'est parce que je t'aime que je ne veux pas te voir périr ici, oubliée de tous et abandonnée des tiens... J'ai ma volonté et je ne céderai pas.

FEMME. Quelle volonté? Ma voix est à peine audible. Lui, il aime bien cette voix vaincue et asservie; c'est rassurant... Mais je pourrais le quitter ici... Je m'écarte légèrement de lui... Il se rapproche.

HOMME. Nous parlerons calmement cette nuit. Ne te tourmente pas ainsi. Laisse-moi t'offrir quelque chose... Peut-être ai-je eu tort de t'amener dans les souks, après tout? Il y a des vacanciers qui ne viennent jamais ici tellement cette misère leur semble insupportable. Ils passent leurs vacances à l'hôtel. Ils errent autour de la piscine ou ils se reposent sur la terrasse. Toi qui es toujours curieuse, tu voulais venir ici. Dans cette foule lamentable... Tiens, tu aimerais ce collier? On dirait un collier ancien, mais c'est faux; toutes ces marchandises sont fausses. Ce peuple si vrai s'abaisse à mentir pour mieux séduire le touriste. Tu veux ce collier?

FEMME. Non. Ne plus rien vouloir. Ne plus rien accepter de lui. D'eux, oui! Tout. Même si c'était la lèpre ou la fièvre. Hier, j'ai bu le thé qu'un vagabond m'offrait… Comment! Tu as bu ces saletés? dirait-il s'il savait… Peut-être refuserait-il de m'embrasser ensuite?….

J'ai bu le thé, le laissant là, seul quelques instants, lui, le maître… Le maître angoissé me cherchait, m'appelait dans ces couloirs pleins de rumeurs. Il criait mon nom… Il fallait me conquérir à nouveau. Moi, sa propriété!

HOMME. Mais où étais-tu donc? C'est insensé. Parfois tu agis comme un enfant capricieux… C'est terrible, tu sais…

FEMME. Je buvais le thé avec gourmandise et plaisir enfin. Le vagabond avait un œil tuméfié et une bouche sans dents… Nous nous regardions lui et moi dans le même silence haletant… J'avais si soif soudain… Si chaud… Quand je revins vers mon mari, je vis qu'il était encerclé. Trois garçons tendaient la main vers lui. Ils l'étouffaient de caresses. La tendresse des esclaves. M'sieur, m'sieur, Américain, m'sieur? On voyait l'empreinte de leurs doigts poisseux sur le chandail blanc.

HOMME. Mais enfin, laissez-moi, petits voyous.

FEMME. Ils étaient si près de lui, si près de son visage et de son haleine, qu'il se mit à craindre leurs microbes et leurs maladies… Je ne sais lesquelles… Le choléra peut-être? Oui, il avait peur… Il touche mon front.

HOMME. Tu vois, j'ai raison. Tu as la fièvre…

FEMME. Puis sa voix douce encore dissimulatrice mais réconfortante :

HOMME. Écoute, chérie. Nous ne pouvons pas faire cela, toi et moi… Cette séparation ridicule! D'abord nous nous aimons, tu le sais bien. Cette séparation serait anormale et gratuite, tu comprends? Et c'est un amour qui ne fait de mal à personne! Pense à tous ceux qui vivent comme nous, dans le même confort innocent. Ce n'est rien, je t'assure. Là, tout t'apparaît dans une clarté cauchemardesque. Mais c'est un malaise qui va passer… Comme une vision, comme une hallucination mauvaise, tu comprends? C'est fréquent cela, pendant une maladie…

FEMME. Qu'il semble triste soudain! Je le plains. Il est désemparé par cette femme qui était une compagne et qui ne l'est plus brusquement. Que faire? Comment parler à cette femme révoltée? Il ne sait pas. Il n'a jamais appris… Il hausse les épaules… Nous étions si tranquilles en vacances dans une sorte de grand trou profond. Au bout du monde, l'un près de l'autre… Et soudain c'est le désordre… Je lui apporte tout cela sans le prévenir… Je le bouleverse…

HOMME. Mais dis-moi une chose. Quand cela a-t-il commencé? Cet amour qui se venge! Cette haine contre moi, contre ce que nous sommes, comme tu dis! Dis-moi, cela m'intéresse.

FEMME. Il avait un ton moqueur mais accablé.

Comment lui expliquer? C'était si imperceptible au début. Je n'osais pas moi-même éprouver ce que j'éprouvais.

Était-ce l'autre soir, quand je l'écoutais bavarder à table avec ce couple suisse? Était-ce hier, lorsque je l'ai vu revenir si triomphant de sa partie de tennis? Brandissant son chapeau en peau de chèvre vers ses camarades… des hommes à son image, ni bons ni mauvais, pas plus vils que les autres certainement… des appétits, des corps, des ventres, en repos seulement, des hommes heureux et bruyants… il leur criait joyeusement:

HOMME. Ce chapeau en peau de chèvre, je l'ai acheté dans les souks. Une bien vilaine odeur s'en dégage, mais ce sera bien pour aller chasser le lion en Afrique. J'ai déjà le pantalon en peau de chèvre. Maintenant le chapeau…

FEMME. Les autres disaient en riant : Avec cette odeur, vous n'avez pas peur d'effrayer même le lion ?

Il portait un jeans pâle et ses blanches chaussures de tennis… Je regardais ses pieds. Je ne les aimais plus soudain. Et sa voix, son rire ! Quelle voix trahissante ! Tout passait par cette voix. Le mensonge, la sensualité, la satisfaction sans honte… Je pensais au chapeau acheté dans les souks… Un enfant avait torturé une chèvre pour lui. On voyait souvent dans la ville ces charrettes emportant des bêtes enchaînées par les pattes, déjà mortes de stupeur et d'effroi… Des charrettes poussées par des enfants faméliques… Toute une famille parfois… On conduisait le muet fardeau à l'abattoir ou dans un champ, pour le sacrifice au soleil… La bête gémissait encore qu'on lui arrachait la peau pour la vendre… Tout se passait dehors, dans l'air chaud.

HOMME. La vie, la mort, même l'amour, tout se passe dehors pour ces gens-là. Nos sentiments de pudeur leur sont inconnus…

FEMME. C'était le sacrifice de la chèvre qu'il portait vaniteusement sur sa tête. Le gémissement contenu de la victime. C'est cela qui avait une si vilaine odeur.

HOMME. Oui, quelle puanteur !

FEMME. Il disait cela à ses amis… Et eux riaient… Même rire, même voix, même nature humaine. Rien ne changeait en eux. Qu'ils fussent allemands ou français, même nature humaine damnée… Mais lui, mon mari, il ne le savait pas. Il se glorifiait d'être homme.

HOMME. Nous sommes heureusement plus éduqués que ces pauvres gens… Oh ! ce n'est pas leur faute, bien sûr. Mais nous avons eu de la chance de naître ailleurs…

FEMME. Il le croyait sincèrement. Il était l'élu, le choisi… Un esprit supérieur parmi ces larves. Il le dirait aux enfants à notre retour…

Tu diras aux enfants que le monde n'est pas un lieu habitable. Tu leur diras qu'un voile de bonheur leur cache des pays indignes et des prairies de pourriture. Tu leur diras tout cela aux enfants.

HOMME. Je comprends que tant de misère te choque et te scandalise même. Mais enfin, il ne faut pas en perdre la raison! Que deviendraient les hommes de la terre entière s'ils cédaient à de semblables impulsions?

FEMME. Le monde serait une vallée de larmes, c'est vrai. Ou bien un désert… Il a raison, je l'écoute.

Temps.

FEMME. Ne dépeuplons pas la terre de ses modestes joies de vivre.

J'ai commencé à te haïr parce que tu mangeais un soir avec voracité. Oui, c'est ainsi que tout a commencé…

HOMME. Après avoir nagé pendant des heures, après avoir joué au tennis, un homme a faim…

FEMME. Oui, mais cela me paraissait anormal d'avoir soudain si faim…

HOMME. Tu exagères tout…

FEMME. Ou peut-être cela a-t-il commencé quand nous nous promenions en calèche…? Oui… peut-être. Tu parlais avec le vieux guide… Ta voix… ton sourire… tes dents… tout de toi me semblait atroce. Toute que nous étions à deux, encore plus sinistre! Mais quelle majesté dans ce vieux guide vêtu de loques! Quelle noblesse dans la douleur!

HOMME. Mais il battait rudement son cheval, lui aussi. Tu te souviens?

FEMME. Il me dit cela avec la sévérité d'un juge…

HOMME. Majestueux, mais cruel comme les autres…

FEMME. Tu lui as jeté une poignée de sous dans la main sans même le regarder… Oui, tu as fait cela…

HOMME. Moi? Cela m'étonne. Tu exagères encore… Tu exagères tout en ce moment…

FEMME. Ces sentiments de fébrile charité l'exaspèrent. Il ne sait plus comment me parler. Comment poser sur moi le regard ou la main?

HOMME. Enfin, je ne te comprends pas.

FEMME. Il est très agacé.

HOMME. Cela ne suffit pas. Tu ne peux pas me quitter et quitter ta famille pour si peu… pour cette question morale qui t'afflige. Non, tu ne peux pas. Je te garderai…

FEMME. Il parle encore des enfants, du foyer chaleureux qui nous attend…

HOMME. Il y a là tant à faire pour toi. Tu ne peux pas tout quitter ainsi, ce serait lâche! Tu es avant tout une femme, une mère. Tu l'as courageusement prouvé toutes ces années. En vingt ans, tu as patiemment prouvé quel être tu étais…

FEMME. Une mère, une femme. Il recommence… C'est un chant ennuyeux. Mais c'est très grave pour lui… C'est l'affirmation que j'existe toujours pour lui, près de lui… Il s'écoute lui-même avec respect.

HOMME. Tu comprends?

FEMME. Non, je suis indifférente à tout cela soudain. Il saisit ma main.

HOMME. Non, ce n'est pas possible. Pas toi! Une autre, je comprendrais. Mais toi…! Tu aimes quelqu'un d'autre et tu n'oses pas me le dire?

FEMME. Non, personne… Eux, peut-être, ces hommes, ces ombres fraternelles dans les souks, avec leurs fils à leurs pieds. Un peuple d'hommes. Très peu de femmes ici. Quelques visages voilés parfois, de beaux yeux durs et ironiques… Elles ne nous aiment pas. Elles sentent peut-être que je méprise un pouvoir qu'elles idolâtrent encore. Ces femmes aux cheveux blonds, ces femmes à ma ressemblance, elles les détestent… C'est laid, songent-elles, cette blondeur, cette femme, son mari, leur appareil photo.

HOMME. Une photo. Seulement une. Pour te distraire de ces pensées morbides…

FEMME. Là. Debout près d'un petit garçon tisseur. Parmi les écheveaux de laine. Des dédales de laine rouge et jaune d'une ruelle d'artisans à l'autre.

HOMME. Ainsi, j'aurai au moins ce souvenir de toi.

FEMME. Il le dit péniblement, même s'il s'efforce de sourire. Et soudain, là, immobile parmi les buissons de laine de toutes couleurs, il y a ce moment d'extase. C'est la présence du gamin à mes côtés. Un admirable artisan déjà, un ouvrier qui connaît l'âpreté du labeur… Moi, je ne connais rien de tout cela. Un moment d'extase, d'admiration. C'est moi qu'on photographie, dit l'enfant. Il est si content !

HOMME. Nous avons un fils de ton âge.

FEMME. Mon mari lui a dit cela en riant.

HOMME. Toi et le petit, vous formez un beau couple, tu sais.

FEMME. Il croit donc encore que tout n'est pas perdu… ? Je frémis de colère contre moi-même… C'est ma faute s'il espère encore. Il sent ma faiblesse… Non je ne reviendrai pas avec lui. Non. Jamais !

HOMME. Quel parfum délicieux ! On vend du poivre ici. Respire.

FEMME. Sur la grande place, les acrobates s'agitent encore. Mais leur ferveur est plus lente. Ils sont épuisés. C'est la fin de l'après-midi. On entend leur musique au loin.

Temps.

HOMME. Doucement, doucement. Allons, calme-toi. Souviens-toi combien tout était paisible en toi quand nous nous laissions porter par la calèche pour visiter la ville. Le vieux guide nous parlait. Nous l'écoutions, parfois sans même le comprendre. Avec lui, nous traversions des jardins et des forêts splendides, souviens-toi.

FEMME. Oui, je me souviens. Toi et moi dans cette calèche, raides, momifiés dans la calèche comme tu dis. On nous amène dans un jardin somptueux, c'est vrai!... Que c'est vaste ici! Que c'est luxuriant! Que d'espace! Que d'herbe...! C'est le jardin du neveu du roi, dit le guide. Il est interdit d'y venir couper de l'herbe sous peine d'emprisonnement... Les voleurs d'herbe se cachent sous les arbres, mais on les épie... Malheur à vous qui dérobez l'herbe du roi, vous irez en prison... Le guide ricane. Des voyous, hein? C'est un jardin de convoitise maudite...

HOMME. Dommage!

FEMME. Mon mari parle, pourtant il ne ressent rien de ce qu'il dit.

HOMME. Quand on pense aux moutons affamés qui mangent les ordures à l'entrée de la ville! C'est dommage qu'on ne laisse pas venir ici le bétail anémique...!

FEMME. Défendu, m'sieur, défendu, dit le guide. Pas très riche... le neveu du roi. Non, pas très riche... Ah! non? Pas très riche? Un jardin qui s'étend à l'infini! Un éden débordant de figuiers, de citronniers et d'orangers. Que cela est beau!... Mais défendu, tout simplement défendu...! C'est peut-être un paradis qui comble le désir d'un seul homme... Pourquoi pas?... Le désir d'un roi, c'est immense! Il faut le combler... Qui sait? Le neveu royal est peut-être même un jeune homme aimable?... La nuit venue il se penche mélancoliquement sur ses bassins désolés. Il y voit reflétée son image chaque jour plus corrompue. Qui sait? Et puis, les yeux pleins de larmes, il songe à son royaume, un royaume envahi de mort et d'ennemis secrets. Qui sait?… Il se méfie même de ces voleurs d'herbe, si habiles qu'ils échappent parfois à la plus étroite surveillance… C'est peut-être un jeune homme comme les autres, lui aussi, un rêveur qui mérite un peu de sympathie… Pourquoi pas? Ce jardin, ce parc, il l'a volé aux pauvres, aux minables. Mais c'était permis. Selon sa loi tout est permis…

Il part, il voyage, le neveu du roi. On ne le voit pas souvent dans son jardin, dit le guide.

Mais le jardin est toujours interdit. Méfiez-vous, voleurs et voyous, on vous épie. Une voiture noire qui passe, on vous épie… Cela coûte cher, de la verdure et du feuillage. Encore un peu d'ex-piation, encore un peu de sueur, de sang… Vous marchez vers la prison pour un peu de cette prairie sacrée…

Mais de nos calèches, tout cela, comment le voir?

C'est beau ici, quel repos! Un lieu enfin pour nous seuls!

HOMME. Oui, une remarquable végétation.

FEMME. J'approuve d'un signe de la tête. Oui, c'est remarquable… Mais on meurt pour ces oranges et pour ces fleurs! Ce spectacle que nous aimons, cette herbe, des hommes que tu ne connais pas meurent pour cela, imagine-toi… Enfin des oliviers vigoureux, des amandiers en fleurs… vite les voleurs remplissent leurs sacs… Vite, vite… Mais il arrive parfois qu'un voleur d'herbes s'attarde, s'approche d'une calèche, nous salue et que, dans ce salut, cette révérence fugace, il s'abaisse tout entier…

Mais on respire enfin, on s'oublie, il fait si bon… Un peu plus, on fléchirait de sommeil contre l'épaule qui est là, toujours là, cette brave épaule masculine… On fléchit, c'est l'odeur des amandiers. Peut-être aussi de tout ce qui nous inonde soudain de fraîcheur et d'un calme parfait irréel… Oui, il est bon, cet homme. Ce fut un bon mari… On le connaît trop bien peut-être. C'est tout…

C'est l'heure de la sieste, de l'accalmie. On est bien près de cet autre qui fut un ami…

Puis des sons, des cris encore! Des pas suivent la calèche… On se réveille, on voit. Qui donc vient encore nous troubler?… Ah! nous étions presque endormis… Qui est là en pleurs? Qui crie?

Une petite fille qui hurle en courant derrière la calèche. Elle est rageuse, obstinée, délirante même, courant avec son frère sur son dos, sautillant dans les cailloux: M'sieur, m'sieur… Interdit, interdit, dit le guide… des injures que nous ne comprenons pas… Interdit. Misère honteuse, misère sacrilège, va-t'en?

L'enfant pleure. Elle crie: M'sieur, des sous! des sous! Je ne vois de mon mari que son chapeau en peau de chèvre… Les cris de la fillette, je les oublie… C'est le sommeil peut-être qui me saisit au milieu du jour… Un si beau paysage est sourd à tout… Et nous le devenons nous aussi, sourds, sourds… Et puis, nous rentrons à l'hôtel pour nous rafraîchir…

HOMME. Nous rafraîchir… Viens, une douche te fera du bien, viens…

FEMME. C'est vrai, quelle propreté ensuite! Nous nous dépouillons des vêtements du jour, nous les arrachons de nous… C'est dangereux… Nous portons peut-être des vermines avec nous. Qui sait? Des risques mortels pour les enfants?

Vers cinq heures, nous rayonnons pour le soir… On voit bien à ce rayonnement figé, on voit tout de suite qui nous sommes et à quel monde nous appartenons… Sereins, nous nous dispersons parmi les nôtres, nos pareils… Comme eux, nous voici appuyés au bar avec nonchalance, une assiette d'olives à la main, buvant le cocktail… Nous sommes avilis, nous? Mais qui le dirait? Qui pourrait même le penser? Nous parlons bien, très honorablement même…

Quelle misère dans ce pays, n'est-ce pas?

Nous savons tout dire, tout exprimer… Eux, les humbles, ne savent pas… Mais nous… Attention! nous savons bien de quoi ils souffrent, car nous souffrons plus qu'eux. Nous sommes révoltés, nous aussi, devant ces conditions de vie…

C'est que nous sommes tellement conscients, voyez-vous, tellement lucides. Ce pays, nous le connaissons depuis si longtemps…

Oui, mon mari et moi habillés pour le soir. Nous jouissons de la belle fin de journée, du ciel pourpre et bleu, de cette tiédeur qui réveille on ne sait quelle nostalgie, pendant que nous marchons ensemble près de la piscine… Après la promenade, nous paraissons toujours unis, lui et moi. L'accueil mondain de nos semblables nous émeut sans doute, nous aide à mieux fondre l'un dans l'autre… Nos semblables, après tout, partagent nos idées et nos ternes coutumes. Nous connaissons leurs habitudes, oui, toutes leurs habitudes. Même leur parfum…

Ils ont comme nous le même parfum parisien. Ils sont comme nous. Ce sont des morts sans odeur…

Rassemblés au bar ou autour de la table de bridge impersonnelle, secoués d'une collective hystérie sonore, regardez-les, regardez-nous…

Ha! Ha! Mais il y a eu des progrès dans ce pays, c'est la prospérité maintenant, croyez-moi! Les mendiants d'aujourd'hui ne sont plus les mendiants d'hier. Aujourd'hui, ils ont des sandales aux pieds. Hier, ils marchaient pieds nus… Ha! Ha!

Mon mari parle aussi, son verre à la main. Il parle d'un air rêveur… S'il a acheté une tunique ou une cape dans les souks l'après-midi, il exhibe fièrement son nouveau costume.

HOMME. Voyez, nous aimons tellement les gens d'ici que nous nous habillons comme eux pour mieux les comprendre…

FEMME. On les verra plus tard défiler avec insolence dans la salle à manger, empruntant le vêtement de ceux qu'ils avilissent. Mais ce n'est rien. Ils ont le droit, ces hommes, ces femmes. Ils le disent eux-mêmes en découpant le porcelet le soir : Nous les avons beaucoup enrichis, vous savez. Depuis quelques années, c'est à nous qu'ils doivent leur bien-être…

Et l'aristocrate belge s'agite sur sa chaise, crie comme un perroquet : Encore du vin, garçon… Hé ! Garçon… C'est un ordre. L'esclave apporte la carafe sur la table. Il se mord les lèvres. Ce n'est pas honteux, cela ?

HOMME. Pourquoi, honteux ? Il faut bien que les uns servent et que les autres soient servis… Surtout dans un hôtel. C'est naturel, ils sont payés pour servir.

FEMME. Je le méprise et il ne le sait pas. Sa voix se mêle au nasillement de l'aristocrate belge. Ils mangent le même porcelet… Ils ont la même digestion solide et imperturbable, ils se posent les mêmes questions, lui et elle : Vous croyez, monsieur, que ce porcelet a été élevé à la campagne ? Sur une bonne ferme ? Quand nous voyons ces malheureux bergers et leurs brebis parmi les détritus dans la vallée, ah ! cela nous fait frémir et craindre le pire !…

HOMME. On m'a assuré que cette viande provenait d'une excellente ferme dans la montagne…

FEMME. Et cette complicité sociale entre lui et elle, c'est si puissant malgré tout… Soudain leurs mains se frôlent, leurs genoux… Non, lui recommande-t-elle, protectrice et toute rougissante d'amitié pour ce frère de la civilisation retrouvé, non, ne buvez pas cette eau… C'est contaminé… Il y a eu des cas de choléra à Agadir l'an dernier…

Mais mon mari, c'est un homme viril, il faut le reconnaître. Il boit toute une carafe d'eau pour l'aristocrate belge… Quel exploit sexuel! Elle le regarde, épanouie et finement bouleversée. Que vous êtes étonnant, monsieur!

Ils n'ont pas de noms précis, mais ils savent tous les deux qu'ils sont d'un monde meilleur. Le seul, le grand…! C'est un monde honnête, leur monde…!

Et puis, je profite de l'occasion, ajoute-t-elle gracieusement, pour vous féliciter. Vous avez encore gagné ce matin au tennis…

HOMME. Ah! cela! Ce n'est rien.

FEMME. Il feint la modestie…

HOMME. Rien du tout…!

FEMME. Je leur dis à tous les deux que je n'aime pas le tennis. Ils ne m'écoutent pas. Ils sont ravis l'un par l'autre… Ils sont les deux faces du même miroir.

HOMME. Ma femme préfère lire sur la terrasse ou dessiner.

FEMME. Tout est dit. Le portrait est tracé pour toujours. L'aristocrate demande: Mais dessiner quoi, madame? Ce que je vois en bas. La foule… Les gens… Les danseurs… Est-ce donc si intéressant? dit-elle. Bien sûr, pour une artiste tout est intéressant, n'est-ce pas? Moi, je n'aime pas descendre vers la rue… Et les souks… brr… Je préfère ne pas y aller. On dit que c'est très sale… Oh! non… Jamais je n'irai dans ces souks. Je me baigne, c'est infiniment plus délicieux!

HOMME. Vous avec un beau teint. Les vacances semblent vous faire du bien…

FEMME. Vous trouvez? dit-elle.

HOMME. Vous êtes charmante.

FEMME. Puis, il se laisse servir une deuxième portion de porcelet.

Pourquoi pas une troisième? Moi aussi, dit-elle, j'ai faim… C'est le soleil et l'air, sans doute…

Leurs dents brillent et leurs lèvres sont luisantes de désir. Ah! avoir faim comme eux! Je les envie.

HOMME. Allons, mange un peu, toi, mon petit.

FEMME. Oui, madame, il faut manger… dit l'aristocrate belge. Quel souci pour moi, c'est touchant. Quelle bienveillance!… J'espère qu'ils nous laisseront manger en paix, dit l'aristocrate à mon mari. Parfois, ils viennent même danser ici pendant le repas… Je ne puis tolérer cela!

HOMME. En effet! Il y a un moment pour chaque chose.

FEMME. Et ceux-là, ces danseurs d'une troupe du Nord, dit l'aristocrate belge, ils sont si noirs de peau, on dirait de vrais Africains… Ceci dit, je ne suis pas raciste, monsieur… Vous le savez bien, j'ai même chez moi une domestique arabe…

Mon mari veut changer la conversation, c'est ma présence sans doute… Cela les empêche d'être cruels et meurtriers à leur aise… Cela les empêche d'être eux-mêmes…

Cette femme blonde un peu fade!

HOMME. Vous étiez donc au parc des Palmiers, ce matin, madame?

FEMME. Oui, dit-elle, je ne quitte l'hôtel que pour aller au parc. Celui-ci appartient à l'Hôtel, donc c'est sans danger. On est si bien, dans ce parc, entre nous, Européens. C'est ainsi que je vous admire chaque matin au tennis…

C'est peut-être au parc que j'ai commencé à ne plus l'aimer… Pendant qu'il jouait au tennis… Ou avant peut-être, quand je le vis plonger dans la piscine et nager dans l'eau verte… Requin, requin! Voilà ce que je pensais. Aussi requin que les autres. Une piscine toute à lui. Pourquoi pas l'herbe, le parc et l'espace, comme pour le neveu du roi?…

Un paradis consacré aux Européens et aux Américains, au privilège! Tout près, un immense jardin interdit sous peine d'emprisonnement. Requin, poisson de malheur! Il tournoie avec son aristocrate belge dans la piscine, il s'ébroue, il rit... Un parc climatisé tout à nous. Même les palmiers, on les arrose... L'herbe, on la mouille avant notre arrivée le matin... On veut nous plaire, nous séduire, nous conquérir. Nous, les conquérants!

HOMME. Je sais bien que la beauté de ce jardin t'attriste. Mais il y a un bon côté. Les oiseaux qui meurent de faim dans la ville ont trouvé ici un refuge, dans ces palmiers. Aucun enfant arabe ne viendra les tuer ou leur arracher les ailes pendant qu'ils vivent encore... Il y a un bon côté à tout, même dans une injustice. Il y a toujours un bon côté...

FEMME. Il sait répondre à tout, mon mari. Il me fascine... C'est notre jardin, donc, notre parc. Seuls les serviteurs arabes et les ouvriers du jardin ont la permission d'y venir... Nous sommes chez nous dans cette intime forêt; recueillis sur nous-mêmes et sur nos plaisirs... Même le vent en passant par ici devient plus caressant. Notre chair fétide s'alanguit sous les palmiers. Nous observons le vol des cigognes... La mendicité est silencieuse de l'autre côté de la grille. Nous sommes loin. On pourrait se croire à Nice...

HOMME. Oui, on a l'impression d'être à Nice, ici.

FEMME. On dort. On laisse dormir avec soi le porcelet ou le mouton qu'on a dévoré. Les repas sont copieux, vous ne trouvez pas? Si copieux qu'il est naturel d'en disperser sur la table les restes...

Une écume de beurre, de crème, de viande. Mais à qui donner cela? Aux chiens galeux peut-être?... Il y en a tant qui rôdent autour...

Puis il y a la sieste. Dormir après un long repas, c'est un pardon...

On se pardonne à soi-même... C'est doux, tous ces corps gonflés de pardon, de grâce et de bonté pour eux-mêmes...

Le parc des Palmiers est le lieu d'abandon pour ces corps-là...

HOMME. C'est la vie ! C'est ainsi.

FEMME. Oui, je crois que cela a commencé au parc, cette haine, ce dégoût pour toi et moi.

HOMME. Ce n'est pas sérieux, je ne le permettrai pas.

FEMME. Pendant le dîner, à l'hôtel, aux côtés de l'aristocrate belge, il souligne sèchement qu'il est mon mari. Il dit sans cesse :

HOMME. Ma femme que vous voyez là… Ma femme, vous savez…

FEMME. Il n'est pas même nécessaire de prononcer mon nom.

Temps.

FEMME. Mais quelle surprise ! les danseurs viennent vers nous. Mon Dieu, ces sauvages viennent danser pendant notre repas… Cela ne devrait pas être permis ! s'écrie l'aristocrate belge. Ah ! mais quelle mauvaise habitude dans cet hôtel. Je ne reviendrai plus ici !

Elle tient délicatement sa fourchette entre ses doigts. Elle est déprimée. Pourvu qu'ils n'approchent pas trop, dit-elle. Car parfois, après la danse au son des tambours ils s'approchent et mendient une photo.

L'aristocrate frémit d'indignation. Non, ce n'est pas du racisme. Vous me comprenez, vous, monsieur. C'est autre chose de plus subtil…

Ils dansent, ils dansent. L'aristocrate dépose sa fourchette sur la nappe et soupire : Mon Dieu… Mon Dieu, on ne peut donc pas manger paisiblement ici… Mon Dieu… !

FEMME. Et puis, c'est étouffant, cette atmosphère. Le vin, le repas, la danse, tout est là en même temps pour vous distraire de vous-même.

J'ai même une maison, dans la montagne, dit-elle. On y voit les sommets neigeux de l'Atlas. On y vient faire du ski au printemps.

Mes amis viennent de partout. Vous le voyez bien, monsieur, j'aime ces gens. Je suis amoureuse de leur pays… !

Au son des tambours ils viennent. Ils dansent près des tables. Je ne m'habitue pas à leur musique, dit-elle. Non, je n'y arrive pas… Ils dansent tout près, tout près… Pieds nus… On voit le dessous rose de leurs pieds vifs, fragiles et si rugueux. Pourtant, ils dansent autour de nous, ils nous touchent. Ils dansent depuis si longtemps qu'ils paraissent un peu ivres… L'aîné a quinze ans, le plus jeune, huit ans peut-être… Pense à notre fils qui dort déjà cette heure…

HOMME. Que veux-tu, ce n'est pas la faute de notre fils si ce petit doit danser pour gagner sa vie, chaque jour… C'est une question de destinée, tout simplement…

FEMME. Et les musiciens, les danseurs, tout le jeune groupe rieur semble dire : Mais dansez avec nous ! Non… pas si près de moi… ! Ils me touchent, mon Dieu, dit l'aristocrate belge. C'est pour une photo, m'dame. Rien que pour une photo… Oui, pour une photo, ça va, dit-elle, gentille, soudain. Oui venez près de moi, mes amis… La photo, c'est pour les amis qui viendront à la montagne. Ce sourire généreux leur plaira… C'est pour amuser mes amis, dit-elle… Soudain elle est toute radieuse. Charmante, vraiment très charmante femme, dira plus tard mon mari…

HOMME. Je ne comprends pas pourquoi tu ne l'aimes pas.

FEMME. Ce sera sur la terrasse, lorsque nous serons seuls, qu'il me dira toutes ces choses :

HOMME. Des gens très bien, nos amis. Pourquoi ne les aimes-tu pas ? Tu vois bien que tu es trop orgueilleuse…

FEMME. C'est vrai, mon mari attire les femmes. Elles viennent près de lui. Une bonne journée, monsieur ? Une bonne promenade ? Ce qu'il possède de si particulier pour elles, c'est le vice, cette sorte de vice qui n'est pas tout à fait un vice. Elles le sentent bien, ce vice de l'indifférence, cet amour du bonheur… Enfin, c'est un homme qui a leur odeur, leur odeur de mort et de putréfaction. C'est un homme qui aime en elles leur chair violente mais morte, qui aime sans aimer. Elles le sentent et elles viennent. Toujours un genou, une main, un geste offert. Elles sont là : Ah ! comme je vous comprends, monsieur. Cette prière, la nuit… À deux heures… À quatre heures… C'est bien pénible, n'est-ce pas ? Les lèvres peintes, les traits grossiers, mais ce sont ses complices, ses témoins… Partout… même pendant la sieste lorsqu'il se croit seul, allongé, seul, nu, sur la pelouse fraîche… Ah ! seul enfin ! Un homme a besoin de sentir vivre sa propre force… Mais elles sont là, dans les buissons voisins. Il faut gagner cet homme, pensent-elles… Elles peuvent attendre longtemps. Elles sont patientes, riches, oisives, toujours en vacances d'un hôtel à l'autre… Hier même, elles étaient à la Guadeloupe. Où seront-elles demain ? C'est le même homme qui est là partout. Pour elles, c'est le même objet… Peu importe le lieu où elles le chassent… Les pays, les paysages, elles n'y pensent pas. Elles ont l'art de respirer, de humer l'odeur de cette sorte d'homme… Il suffit d'un moment de paresse et elles sont là, à ses côtés, penchées vers lui pour un baiser, pour une caresse… Et mon mari, lui, se croit seul. Il ne sait pas qu'on l'observe… Ces femmes ont l'art de mesurer, de calculer ; cet homme, mon mari… Qui sait ce qu'il contient dans son arrogance ? Fortune ? Plaisirs ? Elles le regardent, toutes songeuses. L'argent, c'est plus agréable que le plaisir… pensent-elles. Puis elles demandent : Depuis combien de temps êtes-vous marié ? Vous semblez si jeune, monsieur…

HOMME. Nous avons déjà de grands enfants.

FEMME. La plus audacieuse raconte comment elle a affronté le serpent : J'ai eu si peur… Voici l'enchanteur de serpents qui, par jeu, un soir de fête à l'hôtel, glisse le serpent autour de mon cou… Si vous saviez ! C'est si froid… Une étrange sensation…

HOMME. Mais ils n'ont pas de venin…

FEMME. Oh! non, monsieur! Mon serpent à moi montrait la langue, il n'était que venin. Une petite langue noire, nerveuse, empoisonnée... Elle a peur, elle a eu peur mais elle recommencerait bien. Ce que j'aimerais, voyez-vous, monsieur, c'est baiser, le serpent sur la tête. J'ai vu quelqu'un qui le faisait. Quelle sensation, imaginez-vous! La prochaine fois, oui, je le ferai...

Elle l'aura sans doute, demain ou ce soir, son étreinte avec le serpent. Elle ne sait pas qu'ici même un grain de sable lui est supérieur. Elle ne sait pas qui elle est, cette femme, cette porteuse de germes de mort...

HOMME. Une femme charmante, elle aussi.

FEMME. Il parle ainsi maintenant sur la terrasse, pendant que nous déjeunons.

HOMME. Nous sommes bien ici, nous avons des amis intelligents. De quoi te plains-tu donc?

FEMME. Je ne me plains pas, mais je voudrais ne t'avoir jamais rencontré...

HOMME. C'est trop franc, trop brutal pour être vrai. Tu connais ma tolérance... Tout changera pour toi dès que tu iras mieux... Je te connais un peu, tu sais...

FEMME. Il me demande si je veux du café.

Non, rien. Mais pourquoi ne me laisses-tu pas seule comme je te le demande? C'est la seule chose que j'exige de toi et tu penses avoir le pouvoir de me la refuser...

HOMME. C'est que j'ai le pouvoir de te la refuser. Je suis ton mari...

FEMME. On ne se sépare pas de quelqu'un aussi facilement. Non, cela ne se fait pas... Il faut une certaine préparation pour ce genre de drames... Si je fuis, il me suivra. Il a des devoirs envers moi. Il le dit... Même lorsque je me penche un peu trop vers la rue, il dit aussitôt:

HOMME. Veux-tu revenir ici ? Je t'en prie…

FEMME. Toujours ce ton impérieux mais libérateur, toujours ces paroles si loyales :

HOMME. Tu as besoin de repos, de beaucoup de repos… Il y a des hôpitaux pour cela…

FEMME. Il y a des cures contre nos brefs moments de lucidité. Une guérison spontanée pour nos consciences, des lieux de miséricorde pour ces faiblesses injustifiables…

HOMME. Ces acrobates te troublent. Cette musique aussi…

FEMME. Je n'irai pas avec toi à Agadir…

HOMME. Mais enfin, peux-tu imaginer ma vie sans toi ?

FEMME. Oui, je l'imagine parfaitement. Je crois que ma disparition serait pour toi une délivrance. D'ailleurs, je te regarde et je pense que c'est une sorte de malentendu que d'avoir vécu ensemble toutes ces années…

HOMME. Pourtant, l'amour… tu aimais bien… Tu semblais sereine avec moi, il y a une semaine, il y a quelques jours même… Tu vois bien que tu souffres en ce moment, que ce sentiment hostile ne peut pas durer…

FEMME. Je ne peux plus vivre avec toi. Je te l'ai déjà dit. Pourquoi refuses-tu de comprendre ?

Il me dira sans doute aussi :

HOMME. Tu ne peux pas agir ainsi. J'ai tellement bien pris soin de toi pendant toutes ces années. Non, tu n'as pas le droit, c'est immoral… C'est immoral, tu m'entends ? Très immoral, une mère, une épouse qui ne pense soudain qu'à elle-même, qui veut tout pour soi, même sa propre destruction…

FEMME. Écoute, c'est faux, je ne souhaite pas ta destruction ni la mienne, seulement je ne désire plus mourir à tes côtés…

Il est plus humble maintenant. Un autre homme naît en lui... Une résurrection... S'il était toujours ainsi, je finirais pas l'aimer peut-être. Je regrette tout ce que je viens de te dire, je le regrette beaucoup. Vraiment je t'aime beaucoup, oublie tout cela, allons dormir, reposons-nous dans les bras l'un de l'autre, oublions et demain à l'aube partons ensemble pour Agadir... Si je lui parlais ainsi, il retrouverait en un instant son profil hautain, son sourire, la même expression de suffisance sur ses traits. Le même homme me reviendrait. Mais je ne veux pas, je ne veux plus! À quoi bon lui céder? Non, je ne peux plus, j'ai pensé à cela toute la nuit, je ne peux plus vivre avec toi. Il y a peut-être un départ ailleurs pour moi, hors de toi, de tout ce que tu représentes pour moi... Oui, c'est encore possible... Il essuie la sueur qui coule de son front, cette infâme chaleur, cet infâme soleil... Ils dansent toujours en bas, ils dansent, ces infâmes danseurs.

HOMME. Nous devenons fous! Toi, tu es folle. C'est de la folie, rien d'autre que tout cela! Je te ramènerai de force, tu m'entends? Je t'ai trop aimée pour te perdre ainsi...

FEMME. Non, tu ne peux pas, non... Puis il prend mon bras, le serre contre lui.

HOMME. Cesse de te pencher, cesse de regarder en bas. C'est cela le mal, laisser derrière toi tes devoirs et ta famille pour embrasser un monde de malheur qui n'est pas le tien... qui ne sera jamais le tien...

FEMME. Je l'entends qui me dit, suppliant mais féroce:

HOMME. Je te défends de voir, je te défends de regarder!

FEMME. Mais il est trop tard, mes yeux sont ouverts. Ils ne se refermeront plus...

Un couple

Un couple *a été créé à l'émission* Premières *de la radio FM de Radio-Canada, le 7 février 1974, dans une réalisation de Madeleine Gérôme.*

Personnages
  Françoise
  Jean-Pierre

Françoise et Jean-Pierre, dans un appartement moderne, au retour d'un voyage.

FRANÇOISE. Ah! c'était un merveilleux voyage...

JEAN-PIERRE. Tu vois bien que nous pouvons être heureux, nous aussi, comme tout le monde! Un voyage de deux mois et aucune querelle! Comment expliques-tu cela?

FRANÇOISE. Nous étions comme deux amis. Deux amis cherchent à se comprendre, deux amants se déchirent. C'est maintenant que tout risque de recommencer comme avant...

JEAN-PIERRE. Ne dis pas cela. Nous sommes faits pour vivre l'un avec l'autre.

FRANÇOISE. Pas comme un couple, je ne veux pas... Et cet appartement est si étroit. Comment avons-nous pu vivre si longtemps, ici, dans cette cage?

JEAN-PIERRE. J'ai hâte de revoir le bébé...

FRANÇOISE. C'est dommage que mes parents ne le gardent pas plus longtemps... C'est lui qui dérange notre vie...

JEAN-PIERRE. Tu es si égoïste, Françoise. Tu ne penses qu'à ton bonheur.

FRANÇOISE. Non, à notre bonheur. Nous étions si bien sans lui, oubliés de tous, parcourant le monde à notre fantaisie! Ah! mais c'est fini maintenant… Tu entends ces bruits dans la rue? Tu vois ces murs blancs qui nous étouffent? Nous sommes trop jeunes pour vivre enfermés avec un enfant…

JEAN-PIERRE. Nous ne pouvons pas toujours fuir nos responsabilités.

FRANÇOISE. Non, mais nous pouvons vivre en plein air, inventer une façon de vivre intelligente et moins sinistre… Je ne sais pas, moi! Cela se fait, même avec un enfant!

JEAN-PIERRE. Tu veux dire qu'il est possible de continuer longtemps cette existence de nomades? Aller d'un terrain de camping à l'autre, d'une auberge de jeunesse à l'autre, cela toute notre vie? Ah! non, cette vie errante n'est pas pour moi!

FRANÇOISE. Tous les jeunes que nous avons rencontrés vivaient ainsi, pourquoi pas nous?

JEAN-PIERRE. Parce que je dois d'abord terminer mes études. Tu sembles oublier que le travail existe aussi, les livres, les études…

FRANÇOISE. À quoi bon brûler ta jeunesse dans les livres?

JEAN-PIERRE. Tu seras heureuse plus tard quand j'aurai un métier…

FRANÇOISE. Je ne veux pas trop bien vivre. Le petit et moi, nous n'avons pas besoin de tant de sacrifices.

JEAN-PIERRE. Il faut bien que quelqu'un, parmi nous, songe un jour à gagner sa vie…

FRANÇOISE. L'argent n'apporte que des soucis.

JEAN-PIERRE. Pas que des soucis… C'est parce que nous avons gagné un peu d'argent, toi et moi, que nous avons pu partir et faire ce long voyage…

FRANÇOISE. Si c'est pour revenir ici, toujours au même endroit, dans le même appartement, il vaut mieux ne jamais partir! Ici, nous sommes un couple. Tiens, dès maintenant je le sens… C'est comme un poids, une chaîne… J'appartiens à ma génération plus qu'à un homme, plus qu'à toi…

JEAN-PIERRE. Notre génération ! Notre génération ! Qu'a-t-elle de si remarquable, cette génération-là ?

FRANÇOISE. C'est une génération amoureuse de la liberté ! Pour la première fois, les jeunes ont le droit de choisir… Ou plutôt, il y a trop de choix, la liberté de tout prendre… Le temps de la renonciation est passé…

JEAN-PIERRE. Tu parles pour toi-même. Tous ne sont pas privilégiés comme nous.

FRANÇOISE. Il s'agit de vouloir être libre.

JEAN-PIERRE. La liberté absolue dont tu parles, c'est assez angoissant…

FRANÇOISE. Pourquoi… ? Pourquoi t'ai-je écouté ? Qu'allons-nous devenir avec cet appartement, ce bébé ? Ce n'est pas une vie pour nous… Ce n'est pas la vie dont je rêvais…

JEAN-PIERRE. Sois patiente… Je te l'ai déjà dit.

FRANÇOISE. Ah ! tu vois bien que tout va mal dès que nous nous retrouvons ici…

FRANÇOISE. Tu ne veux rien comprendre !

JEAN-PIERRE. Comprendre quoi ? On dirait que, pour toi, la vie n'est qu'une distraction, rien d'autre. Tu es trop sensuelle avec la vie. On ne peut pas être heureux à chaque instant… Il y a des heures mornes, des heures où il ne se passe rien…

FRANÇOISE. Je ne veux pas de cela. Je veux jouir de tout.

JEAN-PIERRE. Mois aussi, le plus possible, tu le sais bien. Mais il y a bien des sortes de satisfactions… C'est tout à fait légitime de chercher aussi son plaisir dans le travail, dans les livres ! Ce que je n'aime pas de notre génération, c'est qu'elle nie trop souvent le rôle de l'intelligence…

FRANÇOISE. L'intelligence gâche tout! C'est comme le remords… Avant le bébé, nous étions capables de jouir de la vie. Tu étais plus fou, moins sévère avec moi.

JEAN-PIERRE. J'ai découvert, depuis, que j'aimais aussi la discipline et la modération!

FRANÇOISE. Tout ce que tu disais autrefois, que nous n'étions pas un couple comme un autre mais deux vieux amis, deux êtres libres, libres même d'aimer ailleurs, de chercher quelqu'un d'autre… Ce n'était donc qu'un mensonge pour m'apaiser?

JEAN-PIERRE. J'étais sincère mais c'était avant l'expérience. Nous avons vécu depuis ce temps-là. Tu aimes déjà un autre homme que moi?

FRANÇOISE. Non, je les aime tous. Je ne peux pas résister à quel-qu'un qui me sourit, qui me parle.

JEAN-PIERRE. Oui… J'avais remarqué… Même devant un inconnu qui te demande une allumette, s'il est un beau garçon, tu rougis aussitôt de bonheur.

FRANÇOISE. Je ne suis pas ta prisonnière. Ce n'était pas dans notre contrat. Toi aussi, tu devrais aimer d'autres femmes que moi.

JEAN-PIERRE. Il est trop tôt. En ce moment, je préfère une vie plus normale avec toi. Et après tout, nous avons un enfant… Nous avons des choses à réussir ensemble pour lui.

FRANÇOISE. Lesquelles?

JEAN-PIERRE. Une vie, ce n'est pas une abstraction, c'est une per-sonne vivante…

FRANÇOISE. C'est toi qui veut faire de notre enfant une abstraction. Une fleur enfermée dans une serre. Tu veux nous emprisonner, lui et moi. Je ne veux pas. Dehors, il y a le monde et le monde est à nous, pour nous, tu comprends? Partout, il y a des hommes de mon âge qui sont beaux et accessibles, étrangement oisifs comme je veux l'être. Ils ne me demandent pas d'être fidèle, eux! Ils me demandent de vivre librement, de passer près d'eux, de ne rien exiger et de partir... Chacun d'eux est un être différent de toi, quelqu'un qui n'a ni ton sourire ni ta voix. C'est comme une musique..., on se sent attiré... Je ne vois pas pourquoi je viendrais au monde pour renoncer à tout ce qui m'attire... Et pourquoi, toi aussi, devrais-tu renoncer à tout ce qui te semble agréable et bon...?

JEAN-PIERRE. Tu es libre.

FRANÇOISE. Tu dis cela si tristement.

JEAN-PIERRE. Je vois bien que tout est menacé...

FRANÇOISE. Tout l'a toujours été, même si nous avons un enfant. Mais les gens comme nous peuvent s'arranger avec leurs enfants... La famille, grâce à nous, n'est plus un fardeau. Ah! si tu pouvais te rendre compte que nous vivons vraiment dans une époque merveilleuse, que ces beaux jours ne reviendront peut-être plus jamais pour d'autres que nous... Je peux vivre en transportant partout mon fils sur mon dos. Finie la vie de famille! Nous marchons, nous voyageons ensemble comme tant d'autres. Les enfants de demain n'auront que mépris pour les appartements, les portes closes, l'odeur de poussière des villes. Ce sera une génération d'oiseaux.... Je ne veux pas former un être humain parce que cela ne signifie plus rien.

JEAN-PIERRE. C'est pourtant l'âme d'un homme, cet enfant.... Ce n'est pas un oiseau! Il devra apprendre à souffrir, lui aussi. Comme nous. Il sera scandalisé par la misère et il mourra lui aussi. Tu n'es pas réaliste avec tes histoires de voyage...

FRANÇOISE. Tu veux vivre comme tes parents, comme tes grands-parents. Tu veux trahir notre jeunesse avec tes structures rigides...

JEAN-PIERRE. Il faut une structure dans toute chose, voilà ce que tu ignores!

FRANÇOISE. Et tu parles comme eux, en plus! Non, Jean-Pierre, ne permettons pas cela. Quand tu parles de la vie de notre enfant, c'est si douloureux pour moi. Tu dis : Il est né, il deviendra un homme, un jour il sera vieux et il mourra. C'est si terne! Comment peux-tu voir la vie avec un cœur aussi sec? Moi je dis : Nous avons mis un enfant au monde, c'était peut-être une erreur, mais allons jusqu'au bout pour lui donner la vie maintenant. Il y a le soleil, il y a l'univers… Montrons-lui tout cela…

JEAN-PIERRE. Tu es encore en pleine poésie.

FRANÇOISE. Non, dans d'autres réalités que les tiennes. Je crois en ce que je sens, en ce que je vois. Quand le soleil me réchauffe, je ne pense pas à la nuit. Toi, tu n'es pas assez simple pour respirer et sentir… Écoute, nous avons encore une nuit de liberté avant le retour du bébé… Pourquoi ne pas sortir? Nous pourrions danser toute la nuit, comme avant…

JEAN-PIERRE. Tu as toujours quinze ans. Il y a des mois que nous errons sur toutes les routes du monde et tu veux encore partir…

FRANÇOISE. C'est notre dernière nuit folle, tu le sais bien.

JEAN-PIERRE. Tu n'es donc jamais fatiguée?

FRANÇOISE. Jamais!

JEAN-PIERRE. Bon. Sortons… Pourquoi notre dernière nuit? Nous en aurons bien d'autres ensemble, nous avons toute la vie…

FRANÇOISE. Oui, toute la vie…

Atmosphère de bar. Musique de danse.

FRANÇOISE. Ah! pourquoi m'avoir amenée ici? Il n'y a que des vieux dans cette boîte!

JEAN-PIERRE. Pourquoi ces catégories perpétuelles avec toi? Jeunes, vieux, damnés, élus? Pourquoi? On dirait parfois que tu condamnes tous ceux qui ne te ressemblent pas.

FRANÇOISE. Tu vois ces couples âgés qui dansent? C'est triste, je trouve…

JEAN-PIERRE. Ils ont bien le droit de danser, eux aussi.

FRANÇOISE. Même s'ils sont ridicules?

JEAN-PIERRE. Tu ne sais pas t'émerveiller. Moi, j'aime bien venir ici parce qu'on voit des gens de tous les milieux, de toutes les générations. La jeunesse est partout la même, la jeunesse m'ennuie…

FRANÇOISE. Parce que tu es déjà un vieillard! Tu aimes tout ce qui est confortable et bourgeois. Voir danser de vieux couples satisfaits d'eux-mêmes et de leur existence monotone, cela t'émeut plus que tout. C'est bien vrai que la jeunesse t'ennuie, j'ai remarqué cela pendant notre voyage… Ah! comme je voudrais partir… Mais seule, cette fois…

JEAN-PIERRE. Tu veux rejoindre ces gars merveilleux, comme tu les appelles, tes amis qui t'offraient de la drogue dans les jardins publics, au coin des rues? Ah! C'est encore à cela que tu penses! Mais est-ce une vie saine, Françoise? L'euphorie ne peut pas toujours durer… Tu construis ta vie sur un rêve…

FRANÇOISE. Tu veux un autre whisky?

JEAN-PIERRE. Pourquoi ne m'écoutes-tu pas quand je parle!

FRANÇOISE. Je t'écoute. Tu parles de l'euphorie et du rêve de la vie… J'ai compris. Mais je veux un autre whisky.

JEAN-PIERRE. Et tu as trop bu avec tes amis de passage… Cela devra changer…

FRANÇOISE. Dès demain, tout changera… Tu seras très content!

JEAN-PIERRE. Garçon! Un whisky…! Réfléchis un peu, chérie,

est-ce possible de construire sa vie sur des sensations? L'ivresse aussi est une chose périssable… Ah! tu ne m'écoutes pas!

FRANÇOISE. Toi qui étais si gentil autrefois…! As-tu pensé que, même pour la musique, nos goûts sont différents? Nous ne pouvons pas nous comprendre parce que nos goûts nous séparent. De plus en plus. Il n'y a plus d'harmonie entre nous, sauf pour le sexe…

JEAN-PIERRE. Ce n'est pas facile de vivre à deux. Nous devons l'apprendre, nous aussi. Comme tout le monde.

FRANÇOISE. Non… je ne veux plus rien apprendre! Tu te souviens quand nous avons dansé toute une nuit à Amsterdam? Nous étions si bien, c'était parfait… Deux amis, rien de plus… Nous n'étions que cela… Entourés d'amis universels et de frères, nous étions tous gais et énergiques; nous ne prenions jamais le temps de dormir tellement nous aimions danser et boire toute la nuit…

JEAN-PIERRE. Oui, mais ce voyage est terminé. C'était une époque, c'est fini. Il y a la réalité qui nous attend. Une maison, un enfant, toi, moi. Des problèmes… Françoise, nous n'avons presque plus d'argent.

FRANÇOISE. Ne parlons pas d'argent. Buvons à notre liberté. À nous? Tu ne veux pas? Tu fermes les yeux. Tu as déjà sommeil?

JEAN-PIERRE. C'est naturel. Nous avons à peine dormi pendant ce voyage.

FRANÇOISE. Viens danser.

JEAN-PIERRE. Comme tu es épuisante!

FRANÇOISE. Tans pis, je peux danser avec n'importe qui…

JEAN-PIERRE. Non… Attends… Je viens…

On entend une musique plus rythmée.

FRANÇOISE. Enfin, un peu de vie… On dirait que tu n'aimes pas le rythme, toi!

JEAN-PIERRE. Je n'aime pas ce qui est excessif…

FRANÇOISE. Je sais. Tu préfères les requiem. Tu peux écouter pendant des heures ce requiem de Brahms qui est tellement grave que c'est comme si on entendait la mort marcher vers nous… Non… Je ne peux pas supporter cela, moi… J'en ai des frissons de colère…

JEAN-PIERRE. Tu ne peux pas supporter les requiems parce que tu ne réfléchis pas assez, c'est simple. Et puis, tu ne penses jamais à la mort, toi!

FRANÇOISE. Non! Jamais! Il faut toujours être heureux, c'est mon principe. Ah! viens danser…

JEAN-PIERRE. Elle est là tout contre moi. Je la serre dans mes bras. Pourquoi n'ai-je pas la force de la haïr?

FRANÇOISE. Il m'entraîne vers tout ce qui est ennuyeux et immobile, vers tout ce qui évoque la mort comme ce requiem de Brahms. Il veut m'accabler du poids du temps.

JEAN-PIERRE. Ah! comment peut-elle me parler ainsi du requiem de Brahms? Elle ne l'a jamais écouté une seule fois avec attention.

FRANÇOISE. Réfléchis, me répète-t-il, réfléchis.

JEAN-PIERRE. Elle ne réfléchit jamais.

FRANÇOISE. Oui, un très beau voyage! Je viens de me découvrir moi-même. Jean-Pierre ne le sait donc pas? Comment résister à cela? La liberté à l'infini. Des visages, des corps à l'infini. Chacun me disait: Viens, sois avec moi… Françoise, méfie-toi, tu ne peux pas appartenir à un seul homme… tu perdras tous les autres… Tu seras seule avec lui, jour et nuit, dans un appartement sans lumière.

JEAN-PIERRE. J'aime danser avec toi…

FRANÇOISE. Moi aussi.

JEAN-PIERRE. Toutes nos querelles s'évanouissent quand nous nous retrouvons ainsi…

FRANÇOISE. Ce n'est rien… C'est toi qui l'as dit… Seulement de l'ivresse… Seulement la chaleur de nos corps…

JEAN-PIERRE. Nous nous connaissons si bien… Pourquoi veux-tu partir?

FRANÇOISE. Tu crois me connaître dès que je suis dans tes bras. C'est une illusion.

JEAN-PIERRE. Il ne faut pas partir…

FRANÇOISE. Attention… Tu vas m'étouffer… Tous les maris étouffent leurs femmes…

JEAN-PIERRE. Si elle voulait nous pourrions vivre sereinement ensemble toute la vie.

FRANÇOISE. Un amour qui était sincère et qui est devenu une caricature. Une prison. Il m'étreint si fort. Je suis bien avec lui et j'étouffe en même temps.

JEAN-PIERRE. Pourquoi a-t-elle fait du mariage une caricature? Je lui ai laissé trop de liberté.

FRANÇOISE. Peu à peu, j'ai commencé à sentir ces longs silences entre nous. Nous avions tout et nous étions silencieux. La nuit est sans fin dans un appartement, dans une ville. Nos corps muets rassasiés dorment longtemps, longtemps.

Un bébé pleure doucement.

JEAN-PIERRE. Pourquoi pleure-t-il?

FRANÇOISE. Je dis à Jean-Pierre: non, laissons-le pleurer… Il pleure plus fort. Cette voix d'enfant qui n'est pas encore une voix humaine traverse notre silence.

JEAN-PIERRE. Ah ! je ne puis supporter cela… Non… Non… !

FRANÇOISE. Pas encore une voix humaine, plutôt la plainte irritée d'un animal captif.

JEAN-PIERRE. Une plainte. Un sifflement. La plainte d'un animal captif.

Les pleurs cessent.

JEAN-PIERRE. Je suis fatigué de danser… Rentrons…

FRANÇOISE. Déjà ? Je veux te parler…

JEAN-PIERRE. Nous parlons trop. Nos parlons sans cesse. C'est le mal. Nous allons tout détruire avec nos paroles.

FRANÇOISE. Je suis capable de réfléchir, moi aussi. Comme toi. Parfois je te parle intérieurement. Et alors je te dis toujours la vérité. Tu veux savoir ce que je pense ?

JEAN-PIERRE. Si tu veux…

FRANÇOISE. Je pense que notre amour est condamné, c'est tout. Parce que nous n'avons pas encore assez vécu, toi et moi. Nous avons eu tort de nous attacher l'un à l'autre si longtemps. J'ai beaucoup réfléchi, comme tu vois, pendant notre voyage. Je suis devenue adulte comme tu le souhaitais tant. Et j'ai découvert que ma vie comptait plus que la tienne… qu'il y avait moi-même, et puis toi et le bébé… Mais que je devais d'abord penser à moi-même.

JEAN-PIERRE. Et moi, tu veux savoir ce que je pense ? Je pense que nous avons eu tort de croire que le plus grand bien de la terre était la liberté. Je pense que cette liberté n'existe pas sinon pour tout détruire, même la solidité d'un amour. Que la seule chose réconfortante dans la vie, vois-tu, c'est un lien durable entre deux êtres… Oui, la durée… Ah ! tu ne m'écoutes pas…

FRANÇOISE. La durée… Plus je t'écoute, plus je vieillis…

FRANÇOISE. Il y a des êtres comme lui, pères de famille en naissant, autoritaires, prêts pour la maturité.

JEAN-PIERRE. J'avais une femme, un enfant. J'ai tout perdu. C'était une illusion, elle a peut-être raison.

FRANÇOISE. Jean-Pierre, c'est un homme. Il ne rêve pas. Il a des ambitions. Son destin est étranger au mien.

JEAN-PIERRE. Quel feu secret ronge donc notre vie? Quelle mauvaise pensée? En une nuit, j'ai tout perdu peut-être…

FRANÇOISE. Il était sans doute sincère quand il mentait. Même au début, nous parlions de tout si facilement.

JEAN-PIERRE. Nous parlions de tout mais c'était une erreur.

FRANÇOISE. Notre liberté sexuelle, toutes les formes de libertés? Nous allions mettre au monde une liberté nouvelle.

JEAN-PIERRE. Trop de confiance en l'avenir, trop d'espoir en nous-mêmes! Maintenant le bébé pleure.

FRANÇOISE. Il pleure toute la nuit et nous, nous nous taisons.

FRANÇOISE. C'est cela un enfant, tu ne le savais pas?

JEAN-PIERRE. Non. Ils pleurent tous autant quand ils sont petits?

FRANÇOISE. Oui, mais ils se consolent tout seuls… Tu te lèves encore?

JEAN-PIERRE. Je voudrais le calmer un peu.

FRANÇOISE. Tu t'occupes trop de lui.

JEAN-PIERRE. Il a peut-être soif…

FRANÇOISE. Je pense parfois que tu serais une bonne mère pour lui.

JEAN-PIERRE. C'est égoïste! Je n'aime pas entendre pleurer quelqu'un si longtemps!

JEAN-PIERRE. Ah! il s'est endormi…

Vacarme de la rue.

FRANÇOISE. Ah! pourquoi doivent-ils passer si tôt pour les ordures? Il est déjà six heures du matin… Tu as des cours à neuf heures…

JEAN-PIERRE. Françoise, cela ne peut plus durer…

FRANÇOISE. Non, cela ne peut plus durer…

Retour au bar. Ils dansent.

FRANÇOISE. Tu as raison, Jean-Pierre, cela ne peut plus durer. Changeons notre vie.

JEAN-PIERRE. Mais comment?

FRANÇOISE. Séparons-nous.

JEAN-PIERRE. Et l'enfant dans tout cela? Est-ce sa faute?

FRANÇOISE. Il s'adaptera, lui aussi. Nous le partagerons. Nous ne serons pas injustes l'un envers l'autre.

JEAN-PIERRE. Encore des mots…

FRANÇOISE. Nous pouvons au moins essayer…

JEAN-PIERRE. Je te connais. Tu veux imposer ta façon de voir la vie à notre enfant. Tu sais que c'est très dangereux…

FRANÇOISE. On verra bien. Et puis, un enfant n'appartient pas à ses parents…

JEAN-PIERRE. À qui donc, surtout quand il est si petit?

FRANÇOISE. À lui-même…

JEAN-PIERRE. Toi et tes théories… Regarde où tout cela nous mène!

FRANÇOISE. Je t'avais dit que c'était notre dernière nuit ensemble et tu ne me croyais pas. Tu ne me crois jamais. Ah! ne me serre pas si fort contre toi… Nous allons partir…

JEAN-PIERRE. Tu devrais réfléchir…

FRANÇOISE. J'ai réfléchi… Beaucoup trop…

JEAN-PIERRE. Tu ne penses donc jamais à la mort?

FRANÇOISE. Il n'est pas question de mourir mais de se séparer…

JEAN-PIERRE. De mourir aussi, tu ne comprends donc pas? À deux, tout était possible, nous étions moins menacés, moins nus… À deux, tout durait plus longtemps…

FRANÇOISE. Justement, tout devenait long comme l'éternité. Ah! tais-toi, tu me fais peur avec tes pensées.

JEAN-PIERRE. Nous avons fait un enfant pour éviter de mourir, pour durer plus longtemps à travers lui. Est-ce vrai?

FRANÇOISE. Non, parce que nous en avions envie. Et parce que nous sommes jeunes et sensuels.

JEAN-PIERRE. C'est vrai aussi. Mais, quand on y pense, c'est toujours la mort qui est au bout…

FRANÇOISE. Je ne te comprendrai jamais, tu es trop ténébreux. Et ce n'est pas vrai, la mort n'est pas au bout de toute chose. La vie, oui! C'est facile, nous pouvons toujours tout recommencer. Nous sommes malheureux ensemble, eh bien! nous allons recommencer ailleurs et autrement, c'est tout. Est-ce donc si compliqué? C'est toi qui n'aimes pas la vie… Avoue… C'est bien cela, le problème entre nous, tu n'aimes pas la vie, tu es jaloux de ma vigueur… Car l'habitude, la vigueur appartient à l'homme, pas à la femme…

JEAN-PIERRE. Souviens-toi de ce tableau au musée…

FRANÇOISE. Quel tableau encore? Quel musée? Je ne suis pas capable de voir avec tes yeux. Je n'ai rien vu avec toi pendant tout notre voyage… Non…. J'allais vers les autres… Je ne suis pas capable de marcher derrière toi comme un chien docile et d'admirer ce que tu admires, d'aimer comme tu aimes… Je ne peux pas!

JEAN-PIERRE. Pourtant, tu l'as vu, ce tableau, même si tu veux l'oublier. Souviens-toi… *La Beauté et la Mort…* Tu ne te souviens pas?

FRANÇOISE. Non je n'ai rien vu au musée, près de lui. J'ai répondu au sourire d'un jeune Hollandais : voilà ce que j'ai fait dans ce musée. Pourquoi ne pas finir le voyage avec lui plutôt qu'avec Jean-Pierre?

JEAN-PIERRE. Un tableau de Hans Baldung que je n'oublierai jamais : une jeune femme dont la chair est blanche ; la mort est là, derrière elle, sur le point de surgir et de la mordre à l'épaule.

FRANÇOISE. Nous nous regardions. Tout était dit. C'était si limpide, cet accord. Je n'avais qu'à le suivre mais je ne suis pas un chien docile. Non, je peux attendre !

JEAN-PIERRE. Ah ! c'est bien inutile, elle ne pourra jamais aimer, admirer, contempler tout ce qui nous rappelle notre fragilité et notre humilité. Je suis de ma génération, dit-elle.

FRANÇOISE. Non, je n'ai rien vu avec ses yeux. Comment partager avec lui, contempler, admirer, aimer? Comment le faire sans être sa créature? Son élève? Son enfant? Toujours le même rôle !

JEAN-PIERRE. Je ne suis pas seul, j'ai un fils. Demain, ce sera un homme. Mais que lui réserve cet avenir? L'apocalypse nucléaire ou le bonheur? L'abîme est là sous nos pieds. Non, Françoise, tu ne peux pas avoir raison avec ta beauté, ta fraîcheur et ton rire qui triomphe de tout, tu ne peux pas avoir raison… C'est ce tableau de Baldung, c'est *La Beauté et la Mort,* c'est ce tableau qui évoque la réalité, l'image de notre génération.

FRANÇOISE. Je peux tout recommencer. Je ne suis pas seule. Je peux tout recommencer.

JEAN-PIERRE. Jeunesse blanche liquide en proie à toutes les terreurs…

FRANÇOISE. Mais que nous réserve l'avenir?

JEAN-PIERRE. C'est ainsi… Nous appartenons à une génération perdue!

FRANÇOISE. Toi… oui! Moi, non…

JEAN-PIERRE. Nous avons tout dit maintenant. Rentrons à la maison.

FRANÇOISE. Pour faire l'amour comme d'habitude?

JEAN-PIERRE. Pourquoi pas? Nous n'avons plus rien à perdre…

FRANÇOISE. Je me demande si tu deviendras un jour quelqu'un que j'aimerai à nouveau…

JEAN-PIERRE. Il sera trop tard. Je vieillis très vite, comme tu as pu le remarquer. Et toi, tu n'aimes que les jeunes.

FRANÇOISE. Je voulais dire que la séparation m'aiderait peut-être à t'apprécier. Ne nous séparons pas en ennemis, veux-tu?

JEAN-PIERRE. Sortons d'ici… Cette musique me rend malade!

JEAN-PIERRE. Nous avons fait l'amour tant de fois déjà dans ce lit.

FRANÇOISE. Nous nous aimions aussi sur les plages, la nuit…

JEAN-PIERRE. Tant de fois pour retomber dans ce même silence.

FRANÇOISE. Et souvent, le jour aussi, un peu partout dans le monde.

JEAN-PIERRE. Un silence qui semble dire: tout est bien, tout est fait, tout est consommé.

FRANÇOISE. Jean-Pierre m'attriste. Le poids de ses pensées me brise. Il ne rit plus, il ne chante plus.

JEAN-PIERRE. Mais cela a existé. Il y eut un temps où nous nous aimions tendrement. Couchés ainsi l'un près de l'autre sur les plages chaudes, l'été dernier, nous avions commencé à nous taire déjà. C'était le silence. Parfois j'entendais son souffle contre mon oreille. La nuit, des centaines de jeunes voyageurs dormaient comme nous sur les plages, dans les jardins, un peu partout : certains ne reviendraient plus dans leur pays, d'autres n'étaient que des enfants disparus. Françoise les consolait de leur exil. Tous ces corps abandonnés sur les plages la nuit, ces tentations partout, ces soupirs, ces voix, l'amour donné, je ne pouvais plus supporter cela. Françoise, Françoise, ne sois pas libre. Je reprends ta liberté. Je la garde. Rentrons chez nous. Enfermons-nous dans notre appartement, c'est si intime chez nous. Nul ne nous voit. Françoise, reviens.

FRANÇOISE. On boit du vin, on fume ensemble sous le ciel étoilé. Quelle liberté, quelle extase ! Jean-Pierre m'a arraché tout cela dès notre retour. Cette liberté, cette extase auprès d'eux ! Les amis, les camarades ! Bien souvent des corps dont je voyais à peine les visages, des hommes que j'embrassais comme en rêve, tout cela était à moi.

On boit du vin, on fume, c'est le moment présent qui compte. Jean-Pierre veut me détruire.

JEAN-PIERRE. Couchés ainsi, l'un près de l'autre, comme pour attendre la fin du monde…

FRANÇOISE. Jean-Pierre me détruira. Je veux le quitter. C'est un avare, il me prive de ma liberté. Un avare, jaloux de mon bonheur. Je me souviens d'une plage magnifique près de Tanger…

JEAN-PIERRE. Près de Tanger, c'était le matin, je me souviens aussi.

FRANÇOISE. C'était le matin, je courais avec lui dans les vagues. Tout était si clair et si bleu ! Qu'il était doux de vivre. Mais Jean-Pierre peut tout détruire,. Il suffit d'un détail imparfait et il détruit tout. Jean-Pierre me dit soudain : Regarde cette huile dans l'eau…

JEAN-PIERRE. Faire l'amour dans le sable, c'est si romantique! Regardons bien la couleur de notre lit. Nous nous réveillons le corps souillé de mazout.

FRANÇOISE. Un détail imparfait et il détruit tout.

JEAN-PIERRE. C'est cela, le monde. C'est cela qu'elle aime, qu'elle vénère! Cet océan impur, ces plages noircies de détritus…

FRANÇOISE. Partout il me montre l'envers de la beauté. Regarde cette huile dans l'eau, lavons-nous dans l'océan impur, disait-il. Hélas, c'était vrai! Nous avions le corps englué de ces grasses taches d'huile. Nous étions marqués, flétris déjà malgré notre jeunesse.

JEAN-PIERRE. C'était étrange aussi d'aller si loin et de découvrir encore partout la cruauté des hommes.

FRANÇOISE. L'envers de la beauté. Partout, il ne me montre que laideur et tristesse, que le scandale de la vie.

JEAN-PIERRE. Françoise et moi croyant toujours que nous sommes seuls au monde! Françoise et moi marchant du même pas avide dans l'air qui tremble, vers la mer étincelante! Ah! regarde…! Un petit village blanc au loin, des enfants gracieux qui jouent sur le rivage.

FRANÇOISE. Tu vois ces enfants, ils sont si beaux!

JEAN-PIERRE. Allons vers eux. Nous marchons, nous courons. Le vent se tait, la mer brûle.

FRANÇOISE. Que font-ils près du rivage? Il fait si chaud…

JEAN-PIERRE. Ils tuent, Françoise, ils tuent. Ce sont des enfants très pauvres, ils tuent, ils tuent…!

FRANÇOISE. Ce n'est pas vrai!

JEAN-PIERRE. Ils se rassemblent par petites bandes louches au bord de l'eau qui brûle. Ils tuent les mouettes sur la plage, les attrapant d'abord avec des poissons!

FRANÇOISE. Ce n'est pas vrai !

JEAN-PIERRE. Eux aussi ont leurs pièges, leurs jeux cruels !

FRANÇOISE. Ce n'est pas vrai ! Ce n'est pas vrai !

JEAN-PIERRE. Regarde, tu ne vois donc pas ce qu'ils font…

FRANÇOISE. S'ils tuent les mouettes, c'est pour les manger, c'est qu'ils ont faim.

JEAN-PIERRE. Eux aussi ont leur gibier, ces enfants gracieux qui arrachent les ailes des mouettes et rient aux éclats dans le matin ! C'est cela le monde !

FRANÇOISE. Je ne te crois pas, Jean-Pierre !

JEAN-PIERRE. Eux aussi sont tout agités par le frémissement de l'agonie !

FRANÇOISE. C'est qu'ils ont faim, c'est pour manger !

JEAN-PIERRE. Non, par plaisir seulement. Par plaisir ! Parce qu'ils ne savent plus comment remplir l'ennui de leurs jours, parce que le temps est long sous ce ciel toujours impitoyablement bleu !

FRANÇOISE. Non, je ne veux pas penser à cela auprès de mes amis, de mes camarades. Tout est extase à chaque instant.

JEAN-PIERRE. Et ailleurs aussi, je ne sais plus où nous nous trouvions, je pensais que nous étions seuls au monde. Seuls au monde. Nous nous embrassions, elle et moi.

FRANÇOISE. Et soudain, le ciel se couvre de bruits et de clameurs.

JEAN-PIERRE. Un ciel sillonné d'avions…

FRANÇOISE. C'est un ciel guerrier, pourquoi ?

JEAN-PIERRE. Des avions militaires venus on ne sait d'où. Un simple exercice de force, ne crains rien !

FRANÇOISE. Je ne crains rien. Nous nous séparons l'un de l'autre.

JEAN-PIERRE. Oui, nous nous séparons avec violence parce que nous avons peur. Je crie : Avions maudits.

FRANÇOISE. Ne dis pas cela, Jean-Pierre, tu maudis le monde ! Tu maudis tout ce qui nous reste ! Tu maudis notre toit !

JEAN-PIERRE. Voler si près de la plage, mais c'est un crime !

FRANÇOISE. Mais moi je dis à Jean-Pierre : Allons plus loin, oublions cela…

JEAN-PIERRE. Allons ailleurs, dans un autre pays, n'importe où. Tu vois bien que le monde n'est plus un lieu paisible.

FRANÇOISE. Peu importe, allons plus loin…

JEAN-PIERRE. Faire l'amour au son des fusils, au rythme des famines ! Ce lit, cet appartement sont peut-être des lieux sûrs. L'enfant qui pleure, c'est bien aussi, c'est une réalité dans un monde de rêves troubles. Quand je me lève pour le bercer, je guéris, j'apaise…

FRANÇOISE. Tu me guéris, tu m'apaises même si c'est toi-même que tu veux apaiser et guérir…

JEAN-PIERRE. Même si c'est moi-même que je guéris, que j'apaise, à qui je dis avec tendresse : Mais il faut dormir… Pourquoi pleure-t-il si longtemps ? Comment peut-il pousser ces petits cris de souffrance ?…

Faire l'amour au son des mouettes torturées sur la plage par des enfants aux doigts fins, par des enfants qui rient aux éclats et qui nous regardent avec orgueil.

Faire l'amour quand le monde hurle et gronde.

Cri de jouissance un peu étouffé. Silence.

FRANÇOISE. Je me sens mieux…

JEAN-PIERRE. Quand nous nous aimons, toutes nos querelles s'évanouissent.

FRANÇOISE. Oui, mais dans l'évocation des mauvais souvenirs.

JEAN-PIERRE. Tu te souviens d'un moment heureux que nous avons vécu ensemble pendant notre voyage ? Un seul ?

FRANÇOISE. J'étais toujours heureuse, moi. Je ne me plaignais pas.

JEAN-PIERRE. Oui, mais ensemble… Je parle de nous deux…

FRANÇOISE. Oui… Je me souviens… Dans les Alpes, nous avons marché si longtemps… Nos pieds étaient engourdis. Tu m'as prise par la main et tu as dit que nous devrions toujours vivre ainsi, au sommet de tout, devant un glacier…

JEAN-PIERRE. J'ai dit cela ?

FRANÇOISE. Et j'ai pensé que c'était normal pour toi de dire cela. C'était irritant de t'entendre. J'avais froid, je voulais redescendre mais pour la première fois tu semblais plus serein. Il y avait sur ton visage comme une expression d'extase… C'était étonnant…

JEAN-PIERRE. Et maintenant nous sommes en bas.

FRANÇOISE. Presque sous la terre. Mais c'est toi qui l'as voulu…

JEAN-PIERRE. On ne peut pas vivre toute sa vie devant un glacier de toute façon. Ce n'était qu'une sensation de bien-être.

FRANÇOISE. Je veux le bien-être.

JEAN-PIERRE. Tu veux le paradis.

FRANÇOISE. Je crois que nous en sommes tous dignes…

JEAN-PIERRE. Dors maintenant. Il est tard…

FRANÇOISE. Notre dernière nuit de sommeil et de silence. Enfin demain, je l'aurai, l'extase. Ce qu'il renie, ce qu'il met de côté au fond de son âme, ce qu'il croit trop beau pour nous, je le prends. Je veux m'en emparer. Pourquoi attendre ?

JEAN-PIERRE. Elle va partir. J'aurai une vie toute à moi, ordonnée, une vie comme un long automne.

FRANÇOISE. Je suis jeune. Le monde est à moi. Jean-Pierre sera de plus en plus seul devant une extase figée. Son glacier, les Alpes! Tant pis pour lui… !

JEAN-PIERRE. L'herbe sera toujours verte, l'air toujours frais et chacun de mes souvenirs aura sa place élue au fond de mon âme. Une vie toute à moi.

FRANÇOISE. Il ne faut rien mettre de côté, il ne faut pas être avare.

JEAN-PIERRE. Après tout, je le sais maintenant. Je ne peux pas oublier qu'il n'y a que la mort au bout de toute chose…

Murmures

Murmures *a été créé à l'émission* Premières *de la radio FM de Radio-Canada, le 9 septembre 1977, dans une réalisation de Madeleine Gérôme.*

Personnages
   Judith
   Luc, son jeune frère

À Suzanne Randall

Un soir d'été… à la campagne…

Ambiance, sifflement doux du vent dans les arbres, bruit d'une barque sur l'eau et, perçues de façon plus lointaine, voix multiples d'adultes et d'enfants. (Diverses rumeurs d'été, etc. L'univers des sons est ici directement lié au drame intérieur de Judith. Il est important d'accompagner le dialogue d'une trame sonore à la fois subtile et de qualité poétique quand cela est nécessaire.)

Baigneuse tardive, Judith nage voluptueusement dans les eaux calmes et sombres de la rivière…

JUDITH *(écho filtré)*. Que j'aime ces soirs d'été ! Rimbaud les aimait aussi, mais il a su les rendre éternels… Avec moi, rien ne restera demain, pas même la sensation de bien-être que j'éprouve à nager ainsi seule et nue, cette nuit, dans la rivière… Et dire que des milliers de gens sont condamnés, comme moi, à vivre aussi intensément, puis à disparaître sans laisser sur cette terre une seule trace, pas même une pâle empreinte… *(temps)* J'entends la conversation de mes parents et de leurs amis, au salon… Ils sont là, tout près… Leurs voix, leurs murmures m'enveloppent peu à peu comme un buisson de caresses… Si seulement ils ne se tourmentaient pas tant à mon sujet… Maman a vieilli, j'ai remarqué cela soudain, ce soir, sous la lumière tamisée de la lampe… *(temps)* La lune est pleine… il fait bon ! Peut-être que moi aussi, comme tant d'autres, je promettais beaucoup à l'âge de Rimbaud, mais maintenant… ah ! maintenant…

On entend nager pendant un moment.

Bruits de pas, Luc s'approche de la rivière.

LUC *(second plan).* C'est moi, n'aie pas peur, je t'ai apporté une serviette, tu pourrais avoir froid en sortant de l'eau…

JUDITH *(sortant de l'eau).* Est-ce que maman a remarqué mon absence à la maison ?

LUC. Non, ils parlent de politique, comme d'habitude, ils rêvent de changer le monde… Tu connais nos parents, ils ont souvent plus d'espoir que nous pour notre avenir… *(temps)* Quant à grandmère, elle a préféré monter à sa chambre et lire son Balzac. Tu as remarqué qu'elle ne monte jamais sans son verre de cognac, maintenant ?

JUDITH. Il n'est jamais trop tard pour créer de nouvelles habitudes, après tout… Pour elle, l'avenir est sans doute un sujet de conversation ennuyeux, le passé est son seul horizon…

Pas de deux personnes au bord de la rivière.

LUC. Je souhaite ne jamais vieillir. Ah ! si j'avais tes dons pour écrire et dessiner, oui, peut-être alors une longue existence serait-elle plus supportable…

JUDITH. Tu as choisi la seule vie juste : ton travail parmi les enfants handicapés te sauvera toujours de la pensée oisive, et souvent la pensée oisive nous pousse à des actions malsaines…

LUC. Tu crois ?

JUDITH. Je ne parle que de moi-même, bien sûr…

LUC. Ne nous attardons pas trop, la nuit sera froide…

JUDITH. Je me sens brûlante… *(temps)* Tu as choisi l'action, Luc, tu as raison et c'est moi qui ai tort… Penser, réfléchir comme je le fais ne sert à personne !

LUC. Agir n'est jamais facile non plus, crois-moi ! Tout est question de foi… oui il faut croire, et on peut aimer les autres en pensée et ne pas savoir les réconforter avec nos actes, tu sais…

JUDITH. Tu le sais, toi, puisque tu m'as déjà sauvé la vie…

LUC. C'était sans doute par accident…

JUDITH. Non, je te suis reconnaissante de l'avoir fait… Je ne serais pas près de toi, ce soir, ce serait dommage ; depuis cette tentative de suicide, j'ai découvert la curiosité des autres… Je sais que c'est bien peu… Je regardais les visages de nos parents, ce soir… Peut-être que je regretterai un jour de ne pas avoir su les connaître mieux… Longtemps j'ai cru que la vie me devait tout, absolument tout… *(temps)* Il fait plus froid soudain… La vie… la vie, quand on prononce ces mots, on frémit étrangement ! J'ai été conçue dans cette maison, dans la chambre du haut, c'est la chambre de notre grand-mère aujourd'hui… J'ai appris à lire dans sa bibliothèque, je croyais qu'elle savait tout… Je pense encore qu'elle sait tout… Mais une ombre d'humiliation a cerné son regard… Elle perd la mémoire… Cela se fait en silence, sans bruit… C'était une femme d'une intelligence fine, dont la mémoire était hier fabuleuse… Où iront toutes ses pensées, tous ses rêves ? Dans quel univers loin de nous ? Ce que je crains, c'est qu'avec les années nous ne verrons plus en elle que l'image de la vieillesse… Nous la verrons se dissoudre elle aussi dans le flot des choses, des êtres ordinaires destinés à mourir… Nous accepterons cela… Nous en arrivons à tout accepter pour être plus raisonnables…

Les pas s'arrêtent.

LUC. Viens t'asseoir sur ce vieux tronc d'arbre, comme on le faisait autrefois… Tu te souviens, nous avions l'habitude de lire côte à

côte ou de dessiner dans la balançoire là-bas, chez nos voisins…
(Il rit.) Et ce n'est que longtemps après que nous prenons le temps
d'évoquer ces heures-là… Et tu changes si peu, malgré tout! Tu as
toujours ton front trop haut, avec ce pli grave… soucieux…
Autrefois, je parlais trop… aujourd'hui, j'écoute…

Musique en sourdine, voix interrompue par les rumeurs de l'eau.

JUDITH. Oui, tu écoutes… *(écho et filtre)*. Entendait-il ces murmures, autrefois? Oui, suis-je la seule à tout entendre? Ma grand-
mère m'avait appris les mots divins, les mots des poètes, la
musique de l'âme, disait-elle… La lecture de Rimbaud était un
enchantement… Mais qui n'a pas ressenti ce que je ressentais
alors, dans mon ivresse? Cette musique, cette magie des mots, je
les croyais miennes! Mes yeux étaient scellés à la page d'un livre,
tous les sons qui venaient à mon oreille étaient un ravissement…
Aucun reproche ne semblait m'atteindre… On ne me parlait pas
avec la voix de l'autorité… De cette balançoire, de ce tronc d'arbre
où nous avons tant lu, mon frère et moi, ma grand-mère et moi, je
sentais grandir, surgir du silence de la terre, un esprit, un corps
vigoureux, c'était moi, hier, ce chêne centenaire à la tranquille
puissance… C'était moi, ce monde qui s'épanouissait seul, vaste,
contenu… aussi… Le soir, on entendait la voix de ma mère, nous
appelant: « Judith, Luc, où êtes-vous donc, les enfants! Ah! C'est
un soir de pleine lune, il faudra les surveiller… Ils sont si impru-
dents dans leur barque… » Oui, les enfants que nous étions, où
sont-ils? Où sont-ils? Mais où est ce monde? Où est ce domaine
maintenant? J'ai lu beaucoup de livres avec l'espoir de réussir à
moi seule l'œuvre merveilleuse. Il est vrai que je sais écrire et dessiner, mais le merveilleux n'est plus en moi: j'envie aujourd'hui
l'œuvre des autres et ce que je crée ne me laisse aucune saveur…
Les mots avaient l'art de me hanter, mais je songeais plutôt à un
royaume immobile des mots et des sons: quand je fixais longuement le ciel d'été, n'était-ce pas avec ce désir secret de le rendre

immuable pour moi? Mes yeux n'étaient-ils pas avides de tout conserver de ces trésors qui allaient périr? Ce ciel d'été et son soleil ardent, capricieux, changeant…

Un jour, on comprend que la réalité est lourde autour de soi: les mots deviennent hostiles…

Les mots ne vous touchent plus comme la voix de quelqu'un que l'on aime… Non, ils sont si lourds et sans grâce, ces mots, ces sons, qu'ils vous inclinent vers le sol comme la main de la colère… La vie n'offre plus que des hurlements, de sinistres lamentations… le chaos… la guerre… et ce fracas silencieux que laissent derrière eux nos disparus… ceux que nous aimions…

Silence. On revient au dialogue avec Luc, au bord de la rivière.

LUC. Tu entends les grenouilles? Je me reprocherai toujours d'avoir été cruel autrefois avec ces petites bêtes…

JUDITH. Toi, cruel, non… je ne le crois pas…

LUC. Il y a bien des façons d'être cruel…

JUDITH. Puisque tu parles de cruauté, toi qui n'en connais rien, ne crois pas que je sois insensible au mal que je t'ai fait cette nuit-là en plongeant dans la rivière… Même en me laissant glisser volontairement au fond des eaux, je ne parvenais pas à oublier ton visage… tes yeux… et, surtout, ta voix… je me disais que j'allais emporter avec moi ce dernier murmure de vie… et maintenant je pense que c'est scandaleux de ma part d'avoir troublé un être comme toi…

LUC. Rien ne me trouble…

JUDITH. Tu étais plus serein autrefois… On dirait que je t'ai marqué…

LUC. Mais non, je me pose parfois quelques questions, c'est tout.

JUDITH. Ce n'est plus comme avant entre nous: j'ai parfois l'impression que nous nous parlons comme après un long voyage…

LUC. Oui, peut-être…

JUDITH. Je suis de retour, je ne suis plus en danger, mais pourquoi? Pour qui? Nous n'en savons rien ni l'un ni l'autre.

LUC. Je ne te comprends pas toujours… Ton langage même est différent du mien… mais j'aime t'écouter parce que cela est si différent, que j'apprends des choses nouvelles…

JUDITH *(voix off) (écho et filtre)*. Les murmures, les sons de la vie, même près de la mort on les entend qui vous martèlent, vous déchirent! Tu te souviens, Luc, tu voulais partager ta vie avec moi… me donner un peu de ta ferveur… Tu m'as amenée auprès de tes enfants infirmes… À quoi bon? Je ne t'ai pas compris! Dans cet hospice pour enfants tu semblais à ta place… J'ai admiré ton courage de vivre ainsi, quotidiennement encerclé d'une misère muette… Mais savais-tu que chacun de ces enfants?… oui… tu le savais sans doute… renfermait en lui une voix broyée? Un cri? Ou bien, presque rien… L'aveu d'une terreur que l'on tient prisonnière…

Silence.

LUC. Ces enfants sont comme nous, tu sais… Ils éprouvent les mêmes sentiments d'amour ou de haine… de soumission ou de révolte… À tout âge l'homme n'est-il pas toujours le même?

JUDITH. Je ne sais pas… La souffrance est un paysage qui change tout… Mais nous n'en sommes pas tous victimes au même degré, je pense… *(voix off) (filtre et écho)* Ces plaintes, ces murmures ne me quitteront jamais. Parfois, il y a un moment de rémission, le temps d'un silence, et on pourrait croire que la paix reviendra. Puis je pense à mon frère, à sa vie consacrée à des êtres inconnus… Je cherche à comprendre pourquoi il vit ainsi… Soudain j'entends un son qui s'isole de tous les autres… C'est le grattement d'une béquille contre le mur… Un simple souvenir! Est-ce possible que tant de sons attendent chaque jour notre pitié, notre lucidité, et même notre tendresse? Est-ce possible de se sentir aussi captif des bruits humains qui nous entourent? Pouvons-nous y survivre? Pourquoi n'avons-nous pas tous l'esprit troublé? En existant, nous remuons tant de profondeurs redoutables…

Silence. Voix normale.

JUDITH. Luc, ne me disais-tu pas autrefois qu'il y avait des miracles du cœur? De l'intelligence aussi?

LUC. Oui, parfois un enfant infirme parvient à métamorphoser sa chaise roulante en un fauteuil princier… C'est un rêve, une illusion, mais comment interdire cela à des êtres que le malheur accable? Toi-même, ne dois-tu pas renoncer à une forme d'enfer que tu aimes?

JUDITH. C'est surtout la vie que j'aimais par-dessus tout!

LUC. Cet absolu dont tu rêvais n'existe pas, tu le sais maintenant…

JUDITH. Oui, je le sais, mais je n'ai pas encore appris à être sourde… Oui sourde à tout… Écoute l'eau de la rivière dans la nuit… Elle est sourde à tout… Elle ne nous entend pas… Elle passe, elle fuit…

LUC. Et nous nous inquiétons bien en vain…

JUDITH *(voix off) (filtre et écho).* Pour préserver mon domaine, il eût fallu, tout en ne quittant pas la balançoire d'où je lisais, le tronc d'arbre dans lequel mon corps se délectait à un égoïste repos qu'il croyait mériter, il eût fallu ne jamais apprendre la mort d'une amie… Ah! toi que le cancer emportait avant sa vingtième année, toi l'amie que je gardais précieusement dans ma vie immobile, sœur de mes habitudes, si liée à moi que je pensais peu à elle. Mais je ne suis pas la seule, ah! non je ne suis pas la seule, à qui l'on vint annoncer un matin: « C'est fini, tu ne la reverras plus! » Qui n'a pas entendu ce murmure glacial qui vient à vous soudain, noircissant le gai feuillage de l'été, soulevant et mutilant tout sur son passage? Qui n'a pas perdu une amie, une sœur? Comme tous les autres, je ne puis rien retenir, rien garder ni protéger… Et le triste sourire de ma grand-mère qui me supplie maintenant de détourner les yeux… Pourtant, même autrefois, avant de les avoir perdus, n'avais-je pas cette sensation de leur fuite imminente en quelque lieu que je ne pourrais plus atteindre? C'était une sensation d'automne peut-être… oui… La lumière était chaque soir plus brève, coupée par les ciseaux du temps, oui, et c'était bien la mort qui émanait de la terre moins fraîche! oui, c'était elle… Je débordais d'une santé inutile… La vérité ne venait pas de moi, saine et jeune, mais de cette lumière si vite assombrie… de l'odeur stagnante de la terre… Vite, je rentrais à la maison pour éviter ce murmure du froid à mon oreille, et je retrouvais l'ordre, l'immobilité des choses, Luc lisant près de ma grand-mère, mes parents poursuivant une conversation familière. Je retrouvais le silence, la paix, le sommeil. Aucun murmure dans ce sommeil. La maison se taisait. La rivière coulait paisiblement.

Oui, c'est vrai, j'ai été conçue là-haut par une nuit d'été semblable… Peut-être était-ce une nuit de fête pour mes parents? Ils avaient alors très soif l'un de l'autre… Pourquoi n'ai-je pas gardé ce souvenir touchant plutôt que l'autre? Ils se parlaient tendrement, s'aimaient dans la douceur et je me souviens seulement de ce grondement de violence qui secouait le monde… Il y a peut-être ainsi pour chacun une dette de vivre dont on ne se souvient que longtemps après… plus tard… L'amour était une fête, oui, et en mes veines coulaient déjà ces murmures tumultueux…

Silence.

On évoque toujours, avec le violon en sourdine, un peu comme dans un rêve, la tentative de suicide de Judith telle qu'elle l'imagine elle-même, surtout par la qualité des sons.

JUDITH. Luc, ne t'approche pas du rivage, laisse-moi nager au loin, fuir à jamais ces rumeurs… N'avez-vous pas compris que je ne parviendrai jamais à pénétrer votre univers trop humain?

Bruits de pas précipités, voix de Luc appelant plusieurs fois « Judith, où es-tu? Judith où es-tu? » D'autres voix se joignant à la voix de Luc, appelant « Judith, Judith », etc.

LUC *(alarmé)*. Je t'en supplie, Judith, attends-moi, je viens… Mon Dieu, pourquoi? Pourquoi?

Respiration haletante de Luc, puis longs silences et, de nouveau, la rumeur paisible de la rivière.

LUC. Oui, nous avions tous eu si peur pour toi… Tu avais avalé tant d'eau, tu sais…

JUDITH. Et de boue, car je venais de si loin…

LUC. Tu avais besoin de repos, rien de grave peut-être…

JUDITH. Mais pour moi, les menaces les plus dangereuses sont souvent imaginaires… Qui peut comprendre ce qui se passe en nous, pendant ces instants de vertige et de peur? Cela ne s'explique pas…

LUC. Il y eut pour moi un miracle ce matin-là, j'étais assis près de toi dans l'ambulance et soudain j'ai aperçu, en soulevant le rideau de la portière, un groupe de jeunes gens qui s'amusaient à pousser dans le vent un immense ballon vert, un objet qui en se gonflant avait l'ampleur d'une maison… je n'ai jamais oublié cet instant… ce n'était qu'une image, ces jeunes gens courant dans un parc sous l'aile d'un ballon géant, mais une image qui me rendait l'espoir… pour moi-même comme pour toi…

Pause.

Bruits de la rivière agitée.

JUDITH *(voix off)* *(écho et filtre)*. Je voulais tout savoir, par égoïsme encore sans doute. Quand je découvrais un livre que j'aimais dans la bibliothèque de ma grand-mère, je songeais déjà à en découvrir plusieurs autres… tous les plaisirs à la fois, me disais-je, et ce n'était jamais assez, que ce fût dans mes lectures ou auprès de ceux que j'aimais et qui m'aimaient.

En nageant en profondeur, en glissant en profondeur, je descendais vers la connaissance, mais laquelle sinon la connaissance de mon propre effroi ? C'était là ma rivière, la rivière de mes morts, de mes amours, ceux du présent, ceux de l'avenir aussi. Ce n'est que par la connaissance et souvent une connaissance brutale que nous découvrons le sens de la vie. Je retrouvais ceux qu'un malheur soudain avait anéantis… L'amie disparue à vingt ans et que j'avais peut-être négligée… Qui sait, ne lui avais-je pas préféré un jour un livre, un concert ou le plaisir de ma propre solitude ? Il y avait aussi un camarade d'autrefois foudroyé une nuit sur sa motocyclette ; tous ces disparus semblaient me dire d'une voix humble : *(écho amplifié)* « Tu le savais bien, pourtant, que la mort était inscrite en chacun de nous, pourquoi es-tu étonnée ? » *(écho normal)* Et je pensais à ma grand-mère qui ne se souvenait plus des auteurs qu'elle avait lus, qui me parlait maintenant d'un voyage que nous n'avions jamais fait… Où errait donc son esprit radieux d'autrefois ? Tout prendrait donc pour moi aussi, avec le temps, l'aspect de cette fatale lassitude ? Oui, c'était ma rivière, la source de ma vie qui se tarissait…

Les rumeurs de la rivière se calment peu à peu.

JUDITH *(voix off)*. Ceux que j'ai aimés, ceux que j'aime, mais où vont-ils ? Dans quelles régions que nous ne pouvons pas pénétrer ? Un fils, un frère, une amie, un amant, tous nous échappent pour une vérité enfouie qu'ils s'efforcent de contempler seuls… L'amour vient comme une réjouissance dans une maison désertée, puis disparaît… Je voulais prolonger cette réjouissance pendant la durée d'une, de plusieurs vies… et que se passe-t-il ? Le frère s'éloigne seul, ses méditations ou son activité ne sont plus les nôtres… *(temps)* C'était cela, mon domaine, le domaine de mes quelques vivants, je n'ai pas su le préserver sans doute…

Silence.

LUC. Nous sommes bien, ici, tous les deux, près de la rivière, on dirait que rien n'a changé…

JUDITH. Nous étions autrefois plus isolés, il y avait moins de maisons autour, plus d'arbres, plus d'oiseaux aussi… Nous avions notre espace pour regarder, penser… Ici, on pouvait écrire et dessiner et les jours ne semblaient jamais trop longs… Nous avions une vie toute à nous comme un festin… Toi, Luc, je sais bien que, même lorsque tu étais enfant, tu ne partageais pas mes idées… Non, tu vivais déjà pour les autres… Tu parlais de travailler plus tard parmi des enfants moins privilégiés que nous…

LUC. Pour les êtres plus simples, les routes sont souvent toutes dessinées… *(temps)* Viens, enveloppe-toi dans mon chandail, allons dans la balançoire comme autrefois…

> *Quelques pas. Rythme de la balançoire, léger craquement.*

LUC. Regarde le sillon lumineux sous la lune… Tu te souviens, quand nous avions invité quelques enfants de l'Institut à passer quelques jours ici avec nous? Ils étaient si heureux, si confiants…

JUDITH. Ne me rappelle pas sans cesse que la souffrance existe…

LUC. Quelle souffrance? Je les prenais sur mes épaules, je descendais avec eux à la rivière, l'eau était tiède, je leur apprenais à nager…

JUDITH. Tu ne voyais donc pas leurs membres tordus pendant qu'ils se reposaient sur le rivage dans une lumière d'été, bonne et douce pour d'autres, comme moi, mais si impitoyable pour eux?

LUC. Non, je me disais alors que ces enfants n'oublieraient jamais ces quelques jours d'été… je ne pensais qu'à cela… Et j'ai appris à ne plus voir leurs infirmités…

JUDITH. Tu as peut-être raison… Il y a aussi des infirmités du cœur…

LUC. Je te l'ai dit, il faut s'arrêter aux instants de grâce… On ne peut pas survivre autrement… Tu te souviens du petit qui s'appelait Jean, il était si content qu'il voulait grimper dans le pommier…

JUDITH. Ah! oui, c'est un enfant que j'ai entendu tomber en jouant…

LUC. Mais non, mais non… On n'entendait ce jour-là que des cris joyeux…

JUDITH. Ce n'était presque rien… Un bruit très faible… Un murmure…

LUC. Tu inventes parfois des sons qui n'existent pas…

JUDITH. Peut-être, mais c'est qu'il y a un si grand silence à remplir autour de chaque vie que l'on frôle… Je pense à notre grand-mère et j'ai froid… Oui, elle le sent tout autour d'elle, cet espace glacé… Tu n'as pas remarqué cela?

LUC. Non, je la trouve plutôt sereine pour une vieille dame…

JUDITH. Oui, mais moi j'entends des choses qu'elle ne dit à personne… comme ce murmure de révolte de l'enfant infirme quand il a senti en tombant de l'arbre qu'il n'avait aucun pouvoir sur son destin… Un après-midi d'automne, grand-mère était assise en face de moi, dans cette balançoire… On pouvait entendre la cadence de la balançoire… c'était d'un rythme que j'aimais bien… J'ai dit soudain à notre grand-mère : « Tu te souviens de ces vers que tu m'as appris autrefois : "Elle est retrouvée / Quoi : l'Éternité / C'est la mer allée / Avec le soleil…"? » « Non, me dit-elle, je ne me souviens pas. Je n'ai jamais lu ces vers. Mais ils sont très beaux. » « Je t'assure, tu les connais, cherche un peu dans ta mémoire… » « J'ai perdu le souvenir des belles choses, me dit-elle, et peut-être est-ce mieux ainsi… » Peut-être est-ce mieux ainsi? Comme j'étais malheureuse, je lui ai fait le reproche d'avoir trop bu de vin au déjeuner… Demain et plus tard, je me souviendrai toujours de l'expression indulgente de ce visage que je venais d'atteindre, avec le défi de ma jeunesse… Ce visage me disait : « Regarde ce que la vieillesse a fait de moi, je suis vaincue… »

LUC *(fredonnant au rythme de la balançoire)*. Un… deux… trois… toujours le même grincement, cette vieille balançoire… Il y a des objets fidèles comme des amis… Un… deux… *(temps)* C'est fini, Judith, tu ne retourneras plus au fond des eaux. Alors oublie ces sons hostiles…

JUDITH. Je ne sais pas si on peut délivrer les autres de ce qu'ils sont…

LUC. Toi, tu le peux, du moins pour toi-même…

JUDITH. Même si l'on sait que ce drame n'est pas unique, que chaque être vivant est ainsi enfermé dans un monde de sons véhéments, contradictoires, le monde qui est engendré par un esprit ne ressemble pas à celui d'un autre… Alors, on ne peut rien partager sans devenir des adversaires, tu comprends ?

LUC. Je ne sais pas ; je vois ce qui est concret, ce qui vit sous mes yeux, partout je vois la réalité, mais je sais que l'autre aspect m'est caché… je ne cherche pas davantage… Et mon travail m'apporte beaucoup de joies…

JUDITH. Tu te sens donc utile parmi tes enfants ? La sécheresse, la fatigue de lutter pour le bonheur des autres, tu ne les éprouves donc jamais ?

LUC. Oui, mais il faut poursuivre… Il y a souvent des qualités surprenantes en nous… Ton oreille sait tout entendre, peut-être que tu pourrais être attentive à des sons nouveaux, à un tout autre aspect de la vie… ?

JUDITH. Mais lequel ? Ce marécage que je sens tout autour… cette voix de reproche qui vient du fond de l'abîme… Enfant, je ne doutais de rien, aujourd'hui je doute de tout… de tous…

LUC. Mais tu n'as pas aimé la mort, ce visage de la mort que tu as aperçu cette nuit-là…

JUDITH. Non, mais j'avais trouvé le calme. Je ne dérangeais plus personne. Je savais que je ne te tourmenterais plus avec mes idées étranges, et tu m'as dit que je devais vivre… Pourquoi? Le savais-tu? Après tout, le suicide est notre seule décision légitime…

LUC. Peut-être, mais il y avait dans ton choix quelque chose d'inachevé… Je me disais qu'il te manquait peut-être une expérience de bonheur… qui sait? Toi-même, en reprenant conscience, en surgissant soudain avec lucidité de la rivière, n'aurais-tu pas eu quelques regrets? Et peut-être que ce moment de bonheur, c'est maintenant que nous le vivons tous les deux… Parce que je te vois ressusciter lentement… Qui sait ce que la vie peut préparer pour toi? Vers quels êtres tu iras demain? Tant de choses nous attendent… Dans quelques semaines, tu quitteras peut-être cette maison, ce lieu de notre passé, tu trouveras un espace différent, un présent, et ces murmures dont tu me parles… tu ne les entendras plus… il y aura d'autres êtres… d'autres voix…

JUDITH. Ah! si cela était vrai!

LUC. C'est vrai, si tu le veux bien!

JUDITH *(voix off) (écho et filtre)*. S'il avait raison… peut-être avons-nous droit à plusieurs domaines… À d'autres vivants pour remplacer nos morts… Mais pour partir, il faut réveiller à nouveau ses soifs, ses désirs… Ma grand-mère ose-t-elle encore parler de son amour du désert, elle qui se prépare à l'immense aridité de Dieu? Qui veut voyager sous l'aile de la mort? Mais Luc me répète que l'espérance est devant soi, loin de ceux que nous avons aimés et perdus, c'est peut-être vrai… Oui, nous partirons, je le suivrai, nous quitterons ce sentier, sous la lune, le tronc d'arbre, et dans la maison pleine de murmures nous laisserons ceux qui pensent encore à nous… Luc me disait d'écrire mes rêves afin de les partager avec lui… C'était un premier pas peut-être hors de ma cage… Mais Luc sait-il que, dans nos rêves, les voix que nous entendons lorsque nous sommes éveillés deviennent, la nuit, des clameurs? Que là aussi, dans le recueillement de la nuit, la meute des sons,

des images devenues voix viennent piétiner notre paix? Combien
de fois ai-je entendu gronder la rivière, ce n'était pas la tranquille
rivière que nous avons ce soir à nos pieds, la rivière endormie,
c'était une chose débordante, un fleuve sans repos dans lequel
hommes et femmes luttaient... Nous étions les vagues de ce
fleuve avec nos maisons, avec notre poids... Et nous allions ainsi
sans fin et sans but... Parfois, le fleuve se taisait brusquement; on
entendait une douce musique, j'apercevais la silhouette de Luc
venant vers moi sous les arbres... ce n'était qu'un moment...
Vite, cela se dissipait... le fleuve était plus calme, c'était l'été...
Luc me disait: «Où sont mes enfants? C'était leur jour de
congé...» On ne voyait à la surface de l'eau que des vestes d'éco-
liers qui flottaient... des béquilles d'enfants... «Viens, essaie de
vivre parmi les autres», me disait Luc, je le suivais dans une ville
lointaine que je ne connais pas, c'était une cité dont l'architecture
ancienne m'éblouissait, tout y était agréable pour l'œil, apaisant
pour l'âme, on eût dit que là-bas la beauté d'une ville, d'un paysage, vivait en harmonie avec l'élévation de la pensée, notre vie
moderne était abolie pour les femmes et les hommes de cette
ville, Luc et moi en étions les derniers représentants et on nous
regardait avec surprise, mais sans colère... «Nous sommes dans
la ville des poètes, me dit Luc, écoute bien, tu entendras des voix
de tous les pays, des chants en toutes les langues que tu ne dois pas
oublier... Parce que l'on a conservé ici, pour toujours, dans cette
ville à l'aspect universitaire, toutes les voix de la beauté qui se per-
dent ailleurs, que nous n'entendons plus, chez nous...»

Et c'était vrai, de la foule qui nous entourait on pouvait entendre,
mais sans aucune oppression sonore, au contraire, venant vers
nous comme le son des cloches dans le silence d'une campagne,
ces voix universelles qui exaltaient pourtant la force des individus,
qui glorifiaient nos élans les plus timides, les plus secrets... Même
si les voix des récitants s'exprimaient en des langues diverses,

complètement inconnues pour moi, j'avais la certitude de tout comprendre… d'entendre enfin avec bonheur, sans combattre en moi le désespoir de la voix humaine… Mais c'était un rêve, seulement un rêve…

À quoi bon rêver ainsi quand, le matin, le rêveur retrouve son esclavage ? Si, comme mon frère Luc, j'avais le don d'imaginer la vie des autres, et non pas seulement de souffrir de la mienne, je pourrais imaginer que l'homme le plus démuni du monde, celui qui n'a de richesses que ces songes merveilleux de la nuit, s'éveillant le matin enchaîné à son labeur, parvient à ressentir comme moi qu'on l'a convié pendant la nuit à son vrai destin, que la vie journalière n'est que mensonges, que le destin exceptionnel se révèle pour chacun à l'écart même des lois de la vie…

L'art, peut-être, dans sa subtilité, son harmonie gratuite, veut nous démontrer que la vie réelle n'est là autour de nous que pour nous abaisser, et nous tromper… Puisque dans cette vie il semble impossible de devenir bon…

Silence.

LUC. Je crois, Judith, que j'inviterai à nouveau les enfants de l'Institut à venir passer quelques jours ici, l'été prochain… d'abord cela pourrait distraire notre grand-mère de ses pensées sombres. Le danger, avec la vieillesse, c'est le réveil de tous les égoïsmes… Notre grand-mère elle-même, dans sa fierté, dit que ce qu'elle craint le plus avec l'âge, c'est cette pente…

JUDITH. Elle a parlé du déclin moral… Moi, je ne veux pas être témoin de cela en elle, non…

LUC. Tu ne peux pas tout rejeter d'un être parce qu'il change, parce qu'il vieillit…

JUDITH. Si je l'aime, oui…

LUC. C'est à nous de lui donner la jeunesse, peut-être…

JUDITH. J'ai du mal à vivre pour moi-même.

LUC. Il faudra bientôt rentrer… Je travaille tôt demain.

Pause.

JUDITH. Que devient ce garçon dont tu m'as parlé l'autre jour ? Celui qui souffrait de paralysie cérébrale…

LUC. J'ai beaucoup d'espoir pour lui, j'ai l'intention de le suivre plus tard… Il aime beaucoup l'étude…

JUDITH. Pourtant on t'avait dit qu'il n'y avait aucun espoir…

LUC. Oui, on disait cela, mais c'était faux. De fausses paroles, encore… des murmures, pour parler comme toi…

JUDITH. Je t'envie quand je t'écoute, je sens que tu es maître de ton empire, Luc, oui, tu te possèdes entièrement. Que j'aimerais connaître cette sensation… Tu dis : « Demain, je ferai ceci, cela… » et tout est précis pour toi… Moi, demain… ah ! si j'avais une certitude… tout changerait peut-être alors… Les années, je le crains, risquent de passer ainsi, pour moi, en cette exploration de soi-même qui ne servira à personne… Plus tard, j'en deviendrai amère.

LUC. Tu n'en sais rien… Tu pourrais te surprendre toi-même un jour, ne plus avoir peur…

JUDITH. Ne plus avoir peur, en se levant le matin, savoir enfin rassembler tous les morceaux… J'ai le sentiment, parfois, que mon esprit regarde vivre mon corps, ce regard est d'une telle sévérité que j'en tremble… Après la mort de Catherine, tu te souviens, j'avais même peur en traversant une rue… Je ne pouvais plus lire, tout m'inspirait une telle fatigue.

LUC. Je te l'ai dit, il faut oublier ceux que nous avons perdus…

JUDITH. Comment, quand on rêve à eux ?

LUC. Avec le temps, tes rêves seront sans violence…

JUDITH. Mais c'est cette douceur de l'oubli que je crains le plus…

LUC. Comment retrouves-tu Catherine dans tes rêves?

JUDITH. Toujours en santé comme lorsque je l'ai connue… Nous partageons encore les mêmes projets, les mêmes lectures… Mais au début, dans les rêves, ses traits étaient précis, ses vêtements… en tendant la main vers elle je pouvais en effleurer le tissu… elle revivait…

LUC. Et maintenant?

JUDITH. Ce n'est plus comme autrefois… non… Nous voyageons ensemble… Les traits de son visage sont moins définis… Elle est plus âgée que moi et porte des vêtements gris ou blancs…

LUC. Où voyages-tu?

JUDITH. C'est un peu comme pendant notre jeunesse… nous retournons en Écosse mais ce n'est plus le pays que nous avons connu… Non, c'est un lieu qui n'appartient qu'à Catherine… à elle seule… C'est un rêve qui me tourmente… Nous marchons longuement au bord d'une plage sauvage… On voit au loin des montagnes… C'est au loin, vers ces montagnes, que mon regard se perd… Je ne distingue aucune ligne sous un ciel de brume… et c'est toujours à cet instant que Catherine me dit en me prenant la main: *(écho)* «Attends, je te quitte un instant et je reviens…» Mais jamais elle ne revient… et j'attends. C'est toujours en vain… *(temps)* Ah! ce n'est pas comme lorsque je rêve à toi, Luc: tout est toujours si clair, oui, je sais toujours où je suis, même lorsque je te rencontre dans des contrées nordiques que je n'ai jamais visitées… Tu es là, comme j'ai l'habitude de te voir, en hiver surtout, vêtu de ta veste de mouton… tu ressembles à un explorateur et tout est solide autour de toi…

LUC. Est-ce que je t'inspire de la peur?

JUDITH. Non, parce que tu es encore vivant… Mais les morts, dans nos rêves, possèdent une clairvoyance sacrée… Ils nous trahissent…

LUC. Ou bien peut-être aussi que c'est le contraire, qu'ils sont pour nous une pitié profonde…

JUDITH. Non, car ils nous sauveraient… *(temps)* Toi, Luc, je me demande parfois si tu ne vois pas en moi une infirme de plus dans ton univers d'inconsolés… la pitié est un sentiment que j'estime si peu…

LUC. Peut-être parce que tu ne le connais pas… *(temps)* Il est tard maintenant… Judith, si tu veux te baigner une dernière fois je peux attendre encore un peu…

JUDITH. Non, il vaut mieux rentrer… je me sens bien…

LUC. Et dire que nous aurions pu ne jamais nous parler comme nous l'avons fait ce soir… Qu'as-tu l'intention de faire maintenant?

JUDITH. Tu veux dire, avec ma vie, ce qu'il en reste?

LUC. Si tu veux…

JUDITH. Tu tiens vraiment à me voir vivre?

LUC. Ce n'est pas par égoïsme seulement… Je suis curieux pour toi… C'est un désir que j'éprouve surtout pour toi-même, je pense…

JUDITH. C'est étrange…

LUC. N'oublie pas de me téléphoner à l'Institut cette semaine. Nous irons au cinéma ensemble.

JUDITH. Je n'oublierai pas…

LUC. Allons… viens… rentrons… Tiens, la lampe est encore allumée dans la chambre de grand-mère… Elle lit encore…

> *On revient aux bruits du début: sifflement du vent dans les arbres, barque, etc.*

JUDITH *(voix off) (écho et filtre)*. Luc s'éloigne vers la maison… Je marche seule derrière lui… Peut-être, après tout, que rien ne restera de moi demain, mais pour l'instant, je vis… Les voix se taisent… seule la nuit respire… Ma grand-mère lit dans sa chambre… Elle m'a faite modelée pour une vie spirituelle qui n'existe pas, qu'il faut chaque jour créer, renouveler, extirper des choses les plus basses… Mais je n'ai rien à lui reprocher, et même lorsque je ne pensais qu'à mourir, cette nuit-là je n'avais rien à reprocher à personne… On m'avait toujours traitée avec respect et peut-être trop d'admiration pour des dons que je n'ai pas eu l'énergie encore de rendre fertiles…

LUC *(second plan)*. Tu viens, Judith? À quoi rêves-tu encore?

JUDITH. Je viens… je viens… *(voix off) (écho et filtre)* Mais j'allais commettre un geste qui risquait de semer dans toutes ces vies la culpabilité, le doute… Et cette culpabilité après la mort de Catherine, ce doute n'étaient qu'en moi-même… J'allais massacrer l'innocence de ces âmes limpides… Même si je crois encore avoir eu droit à ce crime… Mais j'oubliais les autres, alors… oui… Pourtant, nous ne pourrons jamais nous comprendre, Luc et moi… Mais si grand-mère ne dort pas encore, c'est peut-être à cause de moi… parce qu'elle n'aime pas ces bains de minuit… Elle aussi espère que… oui… qu'enfin j'apprendrai à résister à la peur… au souvenir… Elle aussi me dit de partir… Ce n'est pas pour elle-même, elle ne pense qu'à moi et devant elle il n'y a que la mort… Peut-être que ces mots divins qu'elle m'avais appris autrefois et qu'elle commence à oublier aujourd'hui, peut-être que cette musique me reviendra comme jadis… qu'ainsi je pourrai vivre un peu à sa place… voler à Catherine ces joies de l'avenir auxquelles elle n'a pas eu droit, peut-être que… Et ces murmures, comme dit mon frère, je les oublierai… C'est un beau soir d'été… On croit alors que tout est possible… même ce que Luc appelle, lui qui est si naïf, la résurrection… Mais il ne sait pas, peut-être… combien c'est fragile… une vie!

> *La rivière coule paisiblement, crescendo… puis fondu enchaîné avec… solo pour violon.*

L'Exil

L'Exil *a été créé à l'émission* Escales *de la radio FM de Radio-Canada, le 30 avril 1979, dans une réalisation de Madeleine Gérôme.*

Personnages
  Elle
  Lui
  Orlief

Voix d'un homme et d'une femme se parlant à voix basse, avec inquiétude. Ce dialogue, dont le ton sera par moments assez neutre, détaché ou lointain, sera souvent interrompu de silences, d'arrêts, de chuchotements aussi.

ELLE. Combien de temps, encore, dis-moi, combien de temps devrons-nous vivre dans ce pays? Quinze ans, que nous sommes ici, si loin des nôtres, parmi ces étrangers... ces... *(comme si l'homme avait frappé avec une cuillère sur la table pour imposer le silence à sa femme ou partager avec elle quelque code secret)* Oui, je veux bien essayer de les tolérer, comme tu as su le faire, toi, mais je ne possède pas ta patience ni ta bonté... Et surtout, je ne veux pas mourir ici, car tu le sais bien, il ne suffit que d'une seule parole égarée... qui sait, un élan de révolte et tout pourrait finir demain... ou ce soir... ou...

LUI. La patience est une vertu qui console.

ELLE. La patience ne peut consoler ceux qui se sentent seuls au monde...

LUI. Comment peux-tu éprouver une telle solitude quand nous recevons chaque jour des amis de tous les pays?

ELLE. Ils viennent, ils nous parlent d'un bonheur de vivre que nous ne connaissons plus, puis ils repartent et bien souvent nous ne les revoyons jamais plus...

LUI. Mais nous avons l'un et l'autre, et tous ces trésors, tous ces livres, tous ces espoirs que nous partageons tous les deux… Tu t'ennuies, je sais bien, mais pourquoi ne pas voyager, si tu en as le désir? Pourquoi ne pas aller rejoindre nos filles en Italie? Je suis un vieil homme, je suis enraciné ici, dans ce pays qui te semble chaque jour plus hostile et plus menaçant…

ELLE. Ce n'est pas le mien, ce n'est pas le nôtre: nous avons déjà goûté à la liberté… Il n'y a que cela sur la Terre…

LUI. Il faut partir, vivre ailleurs, tu es encore jeune, tu aimes l'aventure…

ELLE. Mais j'aurais honte, soudain, de ne vivre que pour moi-même quand tu ne vis que pour les autres, quand tu es prêt, même, à te sacrifier pour des inconnus. Je pourrais m'évader, rejoindre des amis de l'autre côté de la frontière, mais à quoi bon risquer de te perdre, toi et ces heures que nous vivons ensemble? Et puis, n'as-tu pas besoin de moi, encore un peu?

LUI. Que serait cette maison sans toi, sans ton enthousiasme, ta gaieté? Je ne suis, moi, peut-être, qu'un refuge… Oui, un refuge pour un idéal, pour des idées abstraites, dirais-tu, pour une vie de l'âme que les hommes ont reniée et mise à l'écart…

ELLE. Ici, cette vie de l'âme, on l'a tuée.

LUI. Tais-toi… Qui sait, *Les Trois Sœurs* iront peut-être à Moscou.

ELLE. Non, elles n'iront jamais à Moscou… *(temps) (plus bas)* Non, elles n'iront jamais à Moscou: trois gardiens invisibles attendent à la porte. Ils ne partagent pas notre langue. Le son de leurs voix est strident et brutal. Écoute… *(On entend une gamme de sons incohérents et durs, puis la femme reprend d'une voix ordinaire.)* Ou bien, c'est moi qui rêve… Oui, je les entends sans cesse… Ces voix hargneuses ne me quittent plus… *(Elle ouvre la fenêtre.)* Viens à la fenêtre… C'est si beau, au loin, sur le pont… Tu crois qu'ils sont encore là? Qu'ils nous regardent de leurs yeux froids et privés de toute intelligence? Car l'intelligence est une chose généreuse… Et eux ne pensent plus à ceux qu'ils regardent… Ils ne pensent qu'à les emprisonner… Ces regards nous suivent partout… pourtant… Sous la neige, ou bien dans ce brouillard du matin, même à l'aube, lorsque je me crois seule pendant ma promenade sur le pont…

LUI. C'est la peur…

ELLE. Oui, ce n'est que cela…

LUI. Et puis, il fait très froid, cette année…

ELLE. Un froid perpétuel, un froid sans pitié!

LUI. En Italie, tu aurais les enfants près de toi… Et tout ce que tu aimes, aussi…

ELLE. Oui, mais cette sorte d'existence deviendrait vite malheureuse sans toi… On te soigne déjà si mal dans ce pays… Je serais hantée par ta douleur… Tu entends ces voix? Elles viennent de tout près, de l'autre côté du pont…

LUI. Oui, c'est ainsi, le dimanche… On prie encore dans certaines églises…

> *Ces voix, ou plutôt ce chœur que l'on entend, est d'une grande sobriété religieuse, la sobriété du chant grégorien, avec voix de femmes, et d'enfants, si l'on veut, mais de qualité extrêmement dépouillée.*

ELLE. Quel courage il faut pour aimer Dieu quand on vous l'interdit! Moi, je n'aurais pas même l'envie de prier si j'étais à leur place.

LUI. Quand tu marches, à l'aube, sur le pont, n'est-ce pas pour te rapprocher de cette petite église perdue dans la neige, n'est-ce pas pour les entendre, ces voix?

ELLE. Je ne sais pas. Je marche sur le pont, par désœuvrement, parce que je m'ennuie dans cette ville… Qui sont ces gens qui aiment encore prier, crois-tu?

LUI. Des êtres en péril, peut-être… Des hommes et des femmes qui ont tout perdu…

ELLE. Mais pourquoi s'obstinent-ils à exprimer leur foi, quand aucun Dieu ne les écoute? N'est-ce pas étrange de penser qu'encore aujourd'hui, dans le monde, de tels combats secrets existent pour ce droit qui semble être accordé à tous, en naissant, le droit de penser, le droit de croire, d'espérer? Même en quelque Dieu vengeur et cruel qui permet l'oppression des hommes par les hommes?

LUI. Eux chantent et prient avec simplicité, ils ne se tourmentent pas en vain avec toutes ces inquiétudes qui sont les nôtres… Le Dieu qu'ils ont choisi leur ressemble…

ELLE. Que d'espérances inutiles! Pauvres cœurs, pauvres voix, cela m'afflige d'entendre ces plaintes qui montent vers un Dieu absent, ou s'Il existe, un Dieu dictateur comme ces hommes qui les gouvernent! Cela m'afflige parce que je suis avant tout égoïste, oui, c'est vrai, et tu peux le croire… mais dans la vie, c'est ce défaut indigne qui nous sauve… Et je veux encore sauver tout ce que je suis, tout ce que j'étais hier… Sans doute, cette maladie de l'oppression commence-t-elle ainsi, on ne ressent rien, au début, on vit enfermé dans une belle maison, dans une belle ville, c'est une maison où ne viennent que des étrangers, on mange et boit en abondance, on ne vous prive de rien, on pourrait avoir l'illusion d'être chez soi, de poursuivre sa vie factice, mondaine, on pourrait avoir l'illusion de… Non, écoute-moi, ne m'impose pas le silence, cette maladie de l'oppression grandit soudain, et l'oppresseur qui semblait nous épier du dehors, de très loin même, soudain, il est là, il est en vous, on ne peut plus l'oublier… Il mange et dort avec vous, il vous trahit avec le sourire d'un être cher… On ne peut plus en guérir, il est trop tard…

Le chœur religieux s'estompe.

LUI *(répétant cette phrase plusieurs fois).* Le Prince vint vers son ennemi pour l'embrasser mais il ne rencontra que la mort.

Cette phrase est peu à peu ensevelie sous la voix de la femme, qui poursuit.

ELLE. La frontière n'est pas loin, il a raison, je pourrais partir… Un monde qui est le mien s'agite encore de l'autre côté… Toutes ces années de silence et de crainte n'étaient peut-être qu'un mauvais rêve… Cette vie étrange a transformé mon mari… ce n'est plus un homme, c'est un saint… Il a su agrandir son destin quand mon destin n'est plus que celui d'une involontaire captivité… Peut-être n'avais-je pas assez d'âme pour venir ici, peut-être, oui, en étais-je dépourvue, même à la naissance, comme tant d'êtres vivants… *(Une musique plus agréable, presque légère, transforme peu à peu l'atmosphère.)* Pourtant, il est naturel de vouloir être confortablement heureux… Nous l'étions autrefois, et puis on nous a envoyés ici, en ce coin du monde redoutable, sourd à tout, écrasé sous le silence des despotes! Pendant toutes ces années, nous avons été témoins de tant de tortures silencieuses… Mais ces lieux de tortures et de mort, jamais nous n'avons pu les voir, c'était notre torture à nous, ce silence, cette invisibilité, et l'ignoble sentiment d'impuissance qui accompagne partout les meurtriers sans voix… De l'autre côté de la frontière, oui, de l'autre côté… Il y avait chaque nuit une musique joyeuse, des invités dont on oubliait vite les visages autour d'une table trop riche… On nous respectait, on nous aimait… Ainsi, je me croyais au sommet de ma vie, de toutes mes satisfactions de vivre, quelle illusion quand nos existences sont toutes si fragiles… C'était une vie dont je devrais avoir honte, mais j'aimais mon bonheur animal et je n'éprouvais jamais cette honte, car j'avais l'arrogance des forts, mais pendant que je m'étourdissais ainsi parmi d'autres êtres à mon image, mon mari réfléchissait sans doute au vide de tout cela… Nous allions vivre ainsi heureux et sans aider les autres, sans connaître même le désir de les offenser car nous étions trop indifférents…? Non, un homme intelligent ne pouvait accepter une telle destinée! On disait d'abord que c'était cet écart de l'âge entre nous… Mais c'était cet écart qui existe entre deux êtres, même lorsqu'ils s'aiment comme nous nous aimions, entre celui qui possède une âme, un cœur, un esprit élevés, et son semblable qui en est privé… C'est Dieu qui l'a sans doute envoyé ici, pour y mourir quand je veux vivre. D'abord la maison ne servait d'abri qu'aux biens culturels menacés, un peintre, un sculpteur poursuivis par l'État cachaient chez nous leurs œuvres, la littérature nous fournissait ses paraboles, son langage de liberté, *Les Trois Sœurs* iraient-elles à Moscou, les tableaux franchiraient-ils la frontière? Nous devenions nous-mêmes des héros, le théâtre, l'œuvre écrite, c'était notre vie, notre jeu entre la vie et la mort, mais tout ce temps, je pensais: Non il ne faut pas s'offrir ainsi en pâture à des bourreaux inconnus, que sommes-nous ici, des étrangers? Nous n'avons ici personne à sauver… Peut-être étais-je la seule à connaître cette peur. Et puis, cette langue symbolique est devenue de plus en plus obscure entre nous, nous n'étions plus dans le même univers… La prison se refermait sur moi, et mon mari, tout absorbé par cette conquête de l'âme, des âmes, s'éloignait… s'éloignait, oubliant la frivolité de notre vie ancienne, là-bas, en ce lieu où l'on croyait vivre, de l'autre côté… On venait vers lui, on cherchait refuge chez lui, il protégeait, apaisait, pour quelques heures, quelques instants, il accueillait cette famille d'être frêles que nous n'allions plus revoir, artistes, écrivains ou autres, ils semblaient tous voués au même anéantissement en quittant ces lieux, dès que nous les regardions descendre vers les rues givrées, silencieuses… silencieuses…

Retour du chœur religieux à l'arrière-plan sonore.

ELLE. Tu te souviens de ce professeur qui venait si souvent chez nous?

LUI. Orlief, oui, celui qui avait tant écrit sur Bossuet…

ELLE. N'écrivait-il pas aussi des poèmes?

LUI. Tu as raison, il avait écrit quelques poèmes, et puis, plus rien, il avait promis de me les lire, pourtant…

ELLE. Tu as remarqué, il ne vient plus, le dimanche, pour le thé?

LUI. Non, nous ne l'avons pas revu… C'est lui qui m'avait fait découvrir la beauté de cette musique sacrée… Écoute, quelle paix, quelle espérance…

ELLE. C'était un homme célèbre, ici, Orlief, mais Bossuet, pourquoi Bossuet? Quinze ans à ne parler que du même homme, mais c'est une condamnation à mort spirituelle, as-tu déjà pensé à cela?

LUI. Oui, mais Orlief n'était pas comme nous, il était très sensible à ces voix que tu entends, ces voix d'un autre monde… Que lui importait alors de recommencer sans cesse le même devoir comme un collégien puni… On ne pouvait pas atteindre sa foi… Écoute, je pense souvent à lui en entendant cet office…

ELLE. Et si Orlief avait trouvé un refuge, oui, si quelqu'un risquait un jour sa vie pour lui?

LUI. Oh! ce serait sans doute en vain… L'œuvre de ce malheureux Orlief est probablement déjà morte en lui.

ELLE. Pourtant, il avait tout, un appartement splendide, et même il portait des vêtements élégants, comme on en voit peu, ici… Et on eût dit, même, à le regarder vivre, qu'il avait déjà connu la liberté…

LUI. Peut-être, mais c'était un homme dont le sourire torturé ne parlait plus aux hommes, depuis longtemps…

ELLE. Orlief nous accompagnait partout, au théâtre, dans les musées, il tenait mon bras, il était si bon pour moi, et si lointain aussi, lorsque je lui posais une question trop directe son regard se perdait dans une tristesse infinie… C'était à nouveau le silence, oui, une courtoisie paisible devant laquelle il s'effaçait… Nous avions perdu un ami… N'avais-tu pas cette sensation?

LUI. Comment savoir ce qui se passe chez un captif?

ELLE. Un soir, nous dînions en ville, et nous étions très gais, tu te souviens… C'est pendant ces heures d'effervescence que j'avais interrogé Orlief, si seulement il ne m'eût pas parlé que de Bossuet, ou de ses autres passions intellectuelles, passions si peu vraies, me disais-je, si seulement il m'eût parlé de lui-même… Mais il y avait toujours ce regard qui me fixait, ce silence entre nous… Soudain, il me dit : « Ne me posez pas de questions : je suis très las. J'ai été au repos pendant deux ans. » Ce repos, où était-ce? Pourquoi cet homme sain, vigoureux, devait-il déjà se reposer?

La musique religieuse se rapproche.

ELLE. Il était là-bas, au loin, au bout de ces vastes déserts de neige, il se reposait, oui, on avait anesthésié son corps, son esprit. Lorsqu'il revint, il ne parla jamais plus de ce Christ enfant qu'il avait tant aimé dans les tableaux, il ne se souvenait plus de ce musée que nous avions vu ensemble, il évoquait parfois le passé de son pays, ah! il y avait de cela, bien longtemps, des centaines d'années, peut-être conservait-il silencieusement dans son cœur l'image de ce Christ enfant martyrisé, ou bien l'avait-il oublié, lui aussi? Il disait parfois, lorsque nous allions tous les deux visiter les bibliothèques de la ville : « Venez, tous nos trésors dorment dans les souterrains, les caves, nous avons préservé, malgré tout, tous les manuscrits, toutes les œuvres d'art, venez, venez… Mais il faut descendre sous la terre… On s'habitue à tout! » Ou bien ai-je rêvé

qu'il me parlait ainsi ? Nous descendions ensemble vers ces bibliothèques poussiéreuses, sous la terre, des manuscrits anciens, des
merveilles, oui, je me souviens, languissaient là, sous leur prison
de verre, chaque pensée honorable reposait là, dans son cercueil,
des gardiens et des gardiennes au visage gris, usés par ces longs
séjours dans l'ombre, accouraient vers nous, nous entouraient,
sous un flot d'explications on nous annonçait qu'il était interdit
de trop voir… de toucher… Et tous ces murmures, tous ces chuchotements autour de nous… Peut-être les gardiens avaient-ils
observé qu'on nous mentait… que la grandeur des textes avait été
amputée… que des fragments essentiels manquaient dans ces
manuscrits… C'est peut-être que le mal, la faiblesse ne devaient
pas exister… Dans cette singulière société, le vol, le viol, le crime
n'étaient plus des tentations ou des erreurs, Dieu n'était plus là
pour racheter les hommes, et les hommes se rachetaient eux-
mêmes par leur sang… Les crimes n'étaient plus que des crimes
inspirant d'autres châtiments, les hommes réprimaient les
hommes et personne n'osait dire que cela s'appelait l'ère du
Grand Inquisiteur… Peu de temps après cette découverte du
mensonge, de l'ère du mensonge, Orlief se séparait de nous, il
allait au bord de la mer, disait-il, il y faisait plus chaud, il y faisait si
bon pour écrire, et puis ses collègues l'attendaient là-bas… Oui…

ELLE. Tu sembles si serein, on dirait que tu as cessé de souffrir…

LUI. Oui, parce que tu partiras, oui, on viendra te chercher,
demain… Tu iras rejoindre les enfants en Italie… Et puis, tu
m'écriras…

ELLE. Non, je ne te quitterai pas. Est-ce ainsi que tu juges mon
amour pour toi, es-tu si impatient de mourir seul ? Voilà ce qui
arrive quand un homme quitte une femme pour lui-même, pour
sa recherche intérieure, pour tous ces livres, oui, tous ces livres

écrits dans une langue incompréhensible pour moi... Toi aussi, tu as appris à mentir, toi aussi, tu me caches une vérité essentielle.

LUI. Je voudrais te raconter un rêve... Je marchais seul dans l'une des cathédrales de la ville, peut-être étais-je à la recherche d'Orlief, mais même en courant sous les voûtes de pierre, je ne le retrouvais pas, j'entendais ces voix du chœur qui chantaient et priaient, comme nous les entendons ce matin... ces lamentations sans révolte me réconfortaient... Et je pensais en les écoutant : Mais c'est bien vrai, les héros que nous admirons dans les plus beaux livres, comme les écrivains qui les ont engendrés, n'ont-ils pas vécu que pour ces instants d'exaltation, ces quelques instants de gloire avant de s'éteindre sous le ciel austère, ce ciel qui ne semble jamais entendre nos cris... ? Et j'éprouvais soudain une grande délivrance... Prier, c'était cela pour tant de gens, peut-être, oublier notre monde, oublier l'oppression, l'injustice sur la Terre, connaître enfin un instant d'harmonie avec soi-même...

ELLE. Non, la prière de ces pauvres gens, c'est l'oubli, le premier sommeil de leur conscience. Nous aussi, on essaie de nous endormir, comme Orlief... Nous aussi...

ELLE. Orlief, Orlief, et si mon mari le cachait dans ses souterrains, oui ici, chez nous, parmi toutes les œuvres en péril, parmi tous ces espoirs qu'il protège, qu'il tente de rendre à une communauté plus humaine, s'il était là, tout près, écoutant les voix du chœur se rapprocher, devenir plus denses et plus fortes, pendant que les gardiens, qui feignent de sommeiller dans les rues, écoutent et se rapprochent aussi, au rythme de la haine, de la vengeance, car ne détestent-ils pas tout ce qu'ils ne peuvent comprendre ? Orlief, c'est moi, ne craignez rien, m'entendez-vous ?

ORLIEF *(lentement, avec des accents tristes et cassés).* C'est moi... oui... je suis ici depuis si longtemps... Pourquoi ne cessent-ils pas de chanter? On viendra les massacrer… Oui, tous… tous… J'ai écrit beaucoup de poèmes depuis que je vis chez vous, mais qui pourra les lire si on les massacre tous? Écoutez votre mari, partez demain… Moi, je suis bien, seul, ici, dans cette retraite… J'ai abandonné Bossuet… je peux enfin respirer, écrire… Avez-vous reçu des lettres pour moi?

ELLE. Non, on vous recherche…

ORLIEF. On a jugé pour moi que j'avais encore besoin de repos.

ELLE. Oui, c'est cela… Mon mari est là, il surveille, il épie, ils ne franchiront pas notre porte… Vous êtes à l'abri chez nous…

ORLIEF. Lorsque vous pensez à votre pays, n'êtes-vous pas très malheureuse et nostalgique? La nostalgie, si vous saviez, la nostalgie… même pour les prisonniers, c'est la pire épreuve!

ELLE. C'est vrai, j'ai oublié la nostalgie. Mes enfants et moi ne vivons plus dans le même monde depuis si longtemps déjà… Même lorsqu'elles viennent pour les vacances, il y a quelque chose entre nous, oui, une tragédie, ce silence peut-être, qui leur échappe… Elles sont trop jeunes encore, et frivoles comme je l'étais moi-même… et puis il y a cette sensualité de vivre qui s'endort, en moi… Cela aussi pourrait me séparer de ceux que j'aime…

ORLIEF. Écoutez ces voix… C'est un cantique à la vie et on nous prépare à la mort… Vous savez, là-bas, dans ce refuge pour les professeurs malades où je vivais près de la mer, ce lieu que nous appelions La Maison du Sommeil… vous me demandiez un jour ce que devenaient les voleurs, les criminels… Je peux vous le dire maintenant… car nous sommes seuls… Il n'y a que votre peur et la mienne et ce courage insensé de votre mari, entre nous… Nous sommes seuls, dans ce souterrain sans lumière quand la neige continue de tomber sur la ville. Les voleurs, les assassins, ils n'existent plus que dans nos livres du passé, là-bas, près de la mer, on les insensibilisait à leurs vices… Avez-vous remarqué que lorsque l'on désire tuer le mal, dans une société, on ne tue pas le mal, mais tous les germes de vie en elle? Moi, j'ai vu des voleurs, des criminels qui n'ont pas vu venir l'heure de leur mort vers eux: on ne disait pas: Demain, vous serez fusillé à l'aube… On ne disait rien… c'était le silence… le doute… Et un matin, un homme ne se réveillait plus… On l'avait tué par surprise… je ne voulais pas être de ceux-là, je voulais voir ma mort de près, comme vous et tant d'autres, et je voulais connaître ces instants d'une liberté fugitive mais souveraine… oui, où l'on a l'impression, l'illusion que la vie sur cette terre est une réalité autre que celle que nous avons aperçue… La torture, vous me demandiez aussi comment les hommes supportaient la torture… Parce qu'un homme sans mémoire n'est plus le même… C'était cela, le plus grand supplice de nos poètes qui se reposaient la-bas, on supprimait d'abord en eux la mémoire… C'était la mort des esprits… cela se passait doucement… Et soudain, lorsqu'ils voulaient évoquer ce jardin impérial où Pouchkine avait joué, enfant, ils ne se souvenaient plus… Leur âme était cet étang désert, sans joie et sans vie, qui traverse soudain ma mémoire désolée…

ELLE. J'étais de retour de voyage, je venais de franchir la frontière, et comme j'attendais mon mari à l'aéroport, je vis un jeune homme ivre… c'est curieux, Orlief, j'avais remarqué sa jeunesse, car on voit peu de visages jeunes, ici, il était debout, ivre, un bouquet de roses flétries à la main, et c'était un miraculé, Orlief, cela me frappa, oui, le destin avait sauvé ce jeune homme car il était ivre et en colère et aucun gardien ne l'avait encore approché… On eût dit que cette image de beauté et de fureur, incarnée par ce jeune homme en colère, errait, s'élevait au-dessus de cette abjecte surveillance…

ORLIEF. Peut-être ce jeune homme prie-t-il ce matin dans cette église…

ELLE. Je croyais, oui… j'avais cette illusion que la révolte de ce garçon, sa beauté, même, briserait un jour le poids de ses chaînes.
Mais je ne l'ai jamais revu… Je l'ai souvent attendu dans cet aéroport où il aurait pu s'attarder à boire… mais en vain… Et puis,
j'ai décidé de l'attendre, à l'aube, sur le pont… Peut-être aussi
n'a-t-il pas d'amis, de frères… Il ne reviendra jamais plus…
c'était une vision… Quelqu'un l'a caché… Mais je peux vous
confier cela, à vous, cette absence me tourmente plus que l'absence de mes propres enfants…

ORLIEF. Vous aviez le don de la liberté à lui offrir et on vous en a
séparé…

ELLE. Avec cette absence, tout a commencé à périr, en moi, autour
de moi… Ce pays est si vaste, un esclave habile ne peut-il pas s'enfuir par son immensité même? Ou bien, est-ce comme la mort,
une plaine sans fin, mais sans horizon que vient envahir de son
ombre tremblante et terrifiée celui que la lumière écrase et qui ne
peut plus fuir? Dans mes rêves, je retrouve des forêts d'autrefois,
des lieux clos, mais il y a partout des réfugiés sous les arbres, parfois des familles entières avec des animaux qu'ils enveloppent de
leurs vêtements troués… Dans mes rêves, ni eux ni moi ne pouvons être sauvés…

ELLE. Le printemps, l'été reviendront ici, comme ailleurs. Mais ce
sera irréel, comme dans un livre. Si ta vie devait servir à sauver un
seul homme, un être de qualité comme Orlief, par exemple,
serais-tu apaisé?

LUI. Non, je serais coupable de ne pas sauver tous les autres.

ELLE. Les entends-tu parfois qui te supplient de les aider?

LUI. Orlief, Orlief, m'entendez-vous? Avez-vous faim, avez-vous
soif? Que puis-je vous apporter?

ORLIEF *(de la même voix brisée)*. Non, je n'ai plus faim, je n'ai plus soif. Ont-ils dépouillé toute ma maison ? Ont-ils brûlé tous mes livres ? Il y avait cette édition rare des œuvres de Kafka… vous vous souvenez ?

LUI. Vous ne possédez que l'ombre de notre souterrain, Orlief. Votre maison a été pillée pendant la nuit.

ORLIEF. Je n'ai plus de famille. Vous êtes mon seul refuge. La guerre, les massacres avaient déjà décimé tous les miens… Vont-ils se taire ? Vont-ils cesser de prier et de rendre hommage à Dieu ?

LUI. Je croyais que vous aimiez cet office. Je croyais que vous aviez encore un peu d'espérance en ces voix qui prient Dieu…

ORLIEF. Non… C'est une espérance qui a été trahie. Dans quelques heures, ces pauvres gens qui prient seront tués… Partez, vous et votre femme, elle ne sait pas encore que je suis ici, parmi ces livres et ces œuvres d'art que vous gardez imprudemment sous votre toit…

LUI. Orlief, que deviendrez-vous sans votre foi ? Qui donc a le droit de vous interdire votre vie intérieure ? Vous êtes un homme sage, vous avez toujours vécu pour un idéal, allez-vous céder vous aussi à la barbarie et à la vulgarité de ceux qui veulent vous dépouiller de votre âme ?

ORLIEF. C'est que vous n'avez pas sous les yeux l'atroce vision que je porte dans mon cœur. Je pense à cette centaine d'êtres qui seront battus, humiliés, pour un moment d'élévation dans une petite église, j'entends déjà la meute de soldats qui ne tarderont pas à encercler l'église… Mon Dieu… Mon Dieu… Tant d'innocence meurtrie, l'innocence de tous ces corps, oui, condamnée à la torture… j'étais hier un homme sage, et peut-être un savant de la pensée… Qui étais-je ? Je parle d'un homme qui n'est plus, déjà… La foi des êtres simples me touchait… L'âme des autres me faisait vivre, mais j'étais du côté de l'ennemi, comme tant d'autres, ici, je me laissais bercer et endormir, j'avais peur... Je me taisais... Mes volumes sur Bossuet m'attiraient des éloges, des récompenses, que j'acceptais... Puis un jour, ce fut la révolte... J'ai commencé à écrire comme un être humain... J'ai renié cette honteuse gloire qu'on avait jetée comme un manteau sur mes mensonges... Non, il fallait tout dire... Le départ sans retour de mes amis qui avaient eu le courage de la vérité... Tout ce monde d'oppression invisible dans lequel j'avais respiré et vécu moi-même... C'est alors que le tribunal décida que je devais partir à mon tour... Je souffrais d'épuisement... Un séjour près de la mer me ferait beaucoup de bien...

LUI. Est-ce donc toujours ainsi, quelque monstre inhumain peut toujours se réveiller en nous ? Vous, c'était la peur... et moi... une vie de mensonges, aussi, dans une société égoïste qui ne pensait qu'à ses plaisirs... J'ai lu tous vos livres, j'ai appris votre langue, j'ai connu votre peuple à travers la littérature, je suis devenu l'un des vôtres... celui que l'on cache dans cette maison, ce n'est pas vous, c'est moi, je vous demande de me garder, car je ne veux pas retourner là-bas... Vos prières, je pourrais les chanter, dans votre langue, et je pourrais être l'une de ces victimes qui prie encore, dans votre petite église... La seule église, dans toute cette ville, peut-être... et qui résiste encore au feu et à la destruction...

ORLIEF. Oui, mais ce sera bientôt la fin... Écoutez, les soldats se rapprochent...

> *Pendant que l'on entend la meute de soldats se rapprocher de l'église, le chœur confond ses voix fragiles à la violente rumeur que décrit Orlief.*

ORLIEF. Le martèlement de leurs bottes contre le sol... Écoutez... Écoutez... C'est ce chant de haine qui gouverne notre monde... L'incantation de l'amour sera vite étouffée...

ELLE. Que chantent-ils ? Je ne les comprends pas… Je venais souvent sur le pont… J'entendais ces voix, c'était mélodieux, mais les mots, que signifient les mots ? Ai-je le droit de les comprendre ? Je n'ai toujours aimé qu'un univers et c'était celui dans lequel je vivais, celui qui me promettait un bonheur terrestre, souvent médiocre, mais un bonheur que j'avais choisi…

LUI *(chantant légèrement, ou priant).* Aie pitié de nous, Seigneur
Aie pitié de nous, Seigneur
Tu es notre seul refuge

ORLIEF *(reprenant sur le même ton).* Ta pitié nous méprise,
Seigneur
Ta colère nous brise
Nous sommes pauvres, Seigneur
Et le grand sommeil va s'abattre sur nous

(temps) Le grand sommeil

LUI. Aie pitié de nous, Seigneur

ORLIEF. Le grand sommeil

LUI. Tu es notre seul refuge

ORLIEF. Va s'abattre sur nous

ORLIEF. Ils sont là, ils franchissent ces portes sacrées… Il faut peu de temps pour tuer des êtres faibles… Le chœur se tait… Nous entendrons bientôt le martèlement de leurs bottes sur le pont… Que ta pitié est cruelle, Seigneur !

Un jardin dans la tempête

Un jardin dans la tempête *a été créé en anglais sous le titre* A Garden in the Storm, *traduction de David Lobdell à l'émission* Sunday Matinee *de la radio FM de la CBC, le 14 octobre 1990, dans une réalisation de Jane Lewis et John Juliani.*

I

Voix de Nicolas, un homme très jeune que ses amis appellent
Chuck. Cette voix est rythmée par les accents d'une musique rock
très forte, parfois sauvage dans son intensité. D'autres bruits
interviennent dans les moments de silence, chants d'oiseaux,
murmures dans un jardin tropical.

NICOLAS *(voix saccadée, nerveuse).* Ils ont retardé l'exécution de
Bertolotti à Atlanta. On dit qu'il y aura un délai de quelques jours,
quatorze fois il avait frappé sa victime avec un couteau, je ne sais
plus si oui ou non ils ont fini par exécuter le condamné mardi
matin peut-être, cela se passait à Orlando, d'abord il avait doucement enlacé sa victime, cette lueur sauvage dans les yeux. Il y avait
la ferveur de tuer qui brûlait son sang, un instant, un court instant, mais la femme le sentit, allait-il l'étreindre l'embrasser, cet
éclair du sang dans les yeux du criminel, allait-il l'embrasser
d'abord lui parler, il ne dit pas, c'est à cause d'elle, la poudre
blanche sans doute était-il figé dans un état de torpeur, son couteau à la main ne pouvant rien dire mais pour Bundy, je sais, il est
mort à l'aube.

L'exécution a eu lieu sans retard, nous savons tous à quelle heure
son cœur a cessé de battre, nous savons tous le prêtre ses avocats

sa mère nous avons entendu oui à peine la rumeur feutrée, presque silencieuse de la décharge électrique, mais à l'aube, qui peut entendre?

Un homme est assis sur la chaise, il a le crâne nu on l'a rasé la veille, ses poignets liés lui font mal mais il ne se plaint pas non, qui pourrait l'entendre, il frémit violemment se raidit et meurt la chaise est de fer la chaise est d'acier son métal est noirci de pleurs on ne voit rien on ne peut rien entendre cela se passe derrière les barreaux. On l'a vu, Bundy, à la télévision la veille il répondait calmement aux journalistes, c'est moi Bundy regardez-moi bien, je porte un costume élégant regardez bien mes cheveux bouclés et soyeux car ils vont bientôt disparaître, et le sourire regardez-le bien ce sourire d'un séducteur indolent. Le criminel est bien loin caché en dessous, un séducteur indolent, toutes ces femmes qui ont assiégé mon existence ma vie, toujours les aimer les redouter, ces jeunes filles au corps gracile se promenant bras dessus bras dessous si calmes ne me voyant pas venir sous les arbres des campus universitaires, trop de femmes de désirs c'était hallucinant, non je n'ai aucun regret aucun seul si seul ces minables visions pornographiques seul si seul, je ne peux rien regretter leur sang a coulé le mien aussi, mais sans bruit le mien sans bruit.

Ici les oiseaux chantent après l'orage ici les oiseaux les lézards sur les pierres brûlantes *(roulement d'un camion qui s'arrête)*.

Arrêtons-nous pour la nuit à Cudjoe Key, je suis déjà sur les routes depuis quelques jours quelques nuits je ne sais plus il est temps que je retrouve Christophe, Vieille Maman, les autres, dans ce vieux camion je dors je vis j'écris quand j'ai un moment, dans cette jungle seul toujours seul, contre le monde. N'est-ce pas ce que j'ai écrit hier dans mon cahier. Seul contre le monde, venir si loin avec la poudre blanche si mes parents savaient, ils disent eux Chris et les autres ils disent *The White Lady some day the White Lady will kill you* car ils craignent la femme blanche son baiser son étreinte ce sommeil dont on ne se relève plus. C'est bien ici qu'ils se cachaient tous ces Noirs dans ces marais, courbés dans ce feuillage pourri infesté de crocodiles, de serpents ils se cachaient tous ici, Chris et Vieille Maman, me l'ont dit. Mais on finissait par les prendre tous ces *runaways* ces esclaves que l'on lynchait que l'on pendait aux arbres. Ils se trompent ceux qui croient que je ne suis qu'un *pusher,* j'ai fui ce froid ces neiges toute cette grisaille là-bas, ce qu'on appelle mon pays. Ils m'ont bien fouillé à la frontière, et moi je pensais à Bundy pendant ce temps, Bundy qui allait mourir à l'aube. Un garçon de son temps comme tant d'autres de bons parents. Qu'allez-vous faire aux États-Unis?

Voir mes parents, mon père est professeur à Harvard. Il a fondé une école pour les enfants surdoués. On ne les tue pas on ne les lynche pas non on les laisse vivre ceux-là et souvent c'est pour leur malheur. Je connais bien la Floride, j'y allais avec ma mère mes frères. Nous avons encore une maison là-bas, un jardin c'était pour moi le jardin la maison une génération prospère, nous avons tout le soleil la mer tout eux ne m'appelaient plus Nicolas mais Chuck. Chris Vieille Maman sautaient du côté des Blancs venaient dans mon jardin c'était pour renifler la poudre au début, faire peur aux chiens qui jappaient toute la nuit. Vieille Maman Chris me racontaient qu'ils venaient de Cudjoe Key, autrefois les esclaves qui avaient acquis leur liberté, on disait là-bas les *free negroes.* Les *free negroes,* ils n'avaient pas le droit de marcher dans les rues après neuf heures trente le soir. Aucun bruit aucune musique, on les appelait les *free negroes,* aucun bruit, aucun siffle-ment emprisonnés dans leurs cases ils se taisaient, rien, aucun son de flûte de tambour aucun chant de crainte ou de révolte rien, ils se taisaient dans les marécages, dans l'herbe haute et salée, ils se taisaient, la peau dévorée par les piqûres des moustiques pendant que les Blancs se prélassaient au soleil parlaient entre eux, nos *free negroes* combien en avons-nous, combien en tuerons-nous ce soir. Combien en poursuivrons-nous demain? C'est l'heure de la chasse, le gibier se tait le gibier frémit de peur. Sortons nos fusils, nos cordes nos chaînes nos pierres ne leur laissons aucune paix. Dévoré, malades dans leurs cabanes de bois. Chris ma Vieille Maman, Chris, la Vieille Maman.

Presque cela, un Américain qu'on le laisse passer. *(La voix de Nicolas devient plus fébrile encore.)*

Rien d'autre à faire cela, me hante, écrire. Dans ce camion, toute la nuit, écrire seul contre l'univers seul, comme Bundy jadis quand il était jeune triomphant, ne me ressemblait-il pas, un garçon de bonne famille, un drame incompréhensible. Il eut soudain l'idée de tuer, le jardin où il avait grandi le jardin était empoisonné, ce n'était pas le souffle de la poudre blanche, non c'était la femme les femmes la jeune fille à peine née qui le tourmentaient, pour lui des parfums empoisonnés dont il ne se lassait que pour tuer mourir et mourir encore, moi, je grandissais dans un jardin tout éclairé d'une lumière chaude j'étais sain et beau puis il y eut cela, le souffle de la poudre blanche, parmi les citronniers les orangers, dans ce jardin de ma mère dans notre faux paradis, la Floride.

Presque cela, un Américain, laissez-le passer... D'abord ces deux hommes Bob et John rencontrés sur la plage, ils me tendent une enveloppe, renifle tu verras c'est le paradis, pense à nous plus tard en regardant le soleil couchant sur la mer, pense à nous Bob et John prends ce médaillon c'est pour toi quand nous ne serons plus là pense à nous Chuck ne nous oublie pas, nous partons pour le long voyage il y a longtemps que nous pensons à ce départ, la lumière est jaune là-bas la lumière brûle les yeux pense à nous Chuck, prends ce médaillon, en l'ouvrant tu y retrouvera nos deux visages Bob, John.

Tu iras déferlant sur les vagues sur ta planche à voile tu sentiras sur ta peau cette patine légère dorée. Cette eau rutilante de l'océan une seconde peau sur la tienne aussi fine, transparente que la peau des serpents. Sois heureux Chuck, qui sait un jour tu l'écriras peut-être ce long poème ou ce livre, un jour qui sait, tu te souviendras de nous n'est-ce pas, deux hommes jeunes rencontrés sur une plage, l'un d'eux m'offrit un médaillon que je porte encore au cou, j'écris chaque jour chaque nuit dans ce camion, est-ce ma faute si mes doigts se sont engourdis, déjà je ne les sens plus, les sons de la guitare de la flûte le glas des tambours à Black Town le dimanche les esclaves sont libres ils hurlent et crient dans les rues de Black Town on entend désormais leur musique après neuf heures trente le soir, toute la nuit toute la journée jamais ils ne cessent, mes doigts sont engourdis, ma pensée est léthargique ce poème, je l'avais bien commencé ainsi en pensant à eux, John et Bob. On glisse sur les vagues de l'océan, le corps renversé plié d'un mouvement voluptueux sur sa planche à voile les requins rôdent en dessous, tout près de ces terrasses où mangent les touristes, ils rôdent sous les pieds nus du nageur, cette écume légère sur la peau une écume d'or mais une écaille qui s'effrite une seule goutte de sang dans le sillon d'eau et de lumière et le requin attaque sa proie rêveuse.

Ce tremblement à mes mains, mes lèvres sont sèches j'ai soif, il faut attendre jusqu'à demain pour ce poème. Bientôt l'aube il faut reprendre la route, la ville se rapproche l'île où coule à flots la poudre blanche. On a construit ces murs ces hôtels luxueux grâce à ce commerce et en attendant le suc vaporeux incendie tout, ils m'attendent, Chris et les autres, une ville de poudre blanche qui flambe au soleil il y avait une douzaine de bières dans le camion, et soudain plus rien, j'ai soif, crever de soif dans cette chaleur, dans l'odeur de ces marais. Rimbaud était un marchand, un négociant de drogue lui aussi il avait soif, dans ce désert quand on le transportait avec sa jambe gangreneuse il disait : je souffre, j'ai soif ce soleil me tue. Maintenant ils peuvent tous dormir paisiblement. C'est bien vrai, que Bundy a été exécuté sans un mot sans une plainte, même si ses poignets lui faisaient mal, j'ai dit à Bob John attendez je viens à la pêche avec vous. Ils s'enfuyaient en courant, j'avais appris ces vers de Rimbaud à l'école :

Viens, les vins vont aux plages,
Et les flots par millions…
Viens les vins vont aux plages la mescaline la coke le crack.
Allons aux plages,
Vois le bitter sauvage
Rouler du haut des monts!

La fortune, là-bas, la fortune du haut de ces terrasses où mangent des touristes repus, les requins leur rôdant sous les pieds. Cela qui coule à flot la fortune, Rimbaud quel misérable un négociant d'âmes noires, il écrit écrit tous ces vers ses membres sont engourdis, ses mains tremblent il a bu trop d'absinthe il est saoul de mots et de mauvaises actions négociant de drogue, d'âmes noires, rien ne l'effraie. Et quand j'étais debout sur la planche à voile face au soleil. Mon corps solide dérivait seul, au loin au loin pendant que s'effaçaient, les silhouettes de Bob et John sur la plage.

Bon, je vais sortir un peu…

Sur la plage. Musique rock qui s'apaise.

Voix de parents, d'éducateurs en voix off.

VOIX D'HOMME. Ce pauvre garçon, nous avons tenté de le réhabiliter mais son cerveau a été complètement détruit par les drogues…

VOIX DE FEMME. Il aurait fallu le garder à l'hôpital plus longtemps…

VOIX D'HOMME. Il s'est évadé, on ne sait plus où il se cache maintenant, sans doute parmi ses amis ces *pushers* qui lui ressemblent…

VOIX DE FEMME. Ce jardin au loin… ce soleil, cette vie ces longues vacances au loin, nous n'aurions pas dû, nous n'aurions pas dû…

Dès l'âge de douze ans, nous l'avions perdu… Ce jardin perni-
cieux où il faisait toujours beau… partir ainsi avec les enfants
nous n'aurions pas dû…

*Retour à la musique rock très forte. Bob, John, Nicolas, sur la
plage, pendant la scène évoquée plus tôt.*

Rumeur des vagues, de l'océan.

BOB. Allô Chuck, viens plus près, nous avons ce médaillon pour
toi… Nous y avons enfermé nos deux visages… Nous partons si
loin, tu pourrais nous oublier… C'est pour plus tard, quand tu
auras envie de penser à nous, avec cette photo, tu te souviendras…

NICOLAS. N'est-ce pas aujourd'hui que nous allons à la pêche?
Regardez là-bas, les barques des pêcheurs sont prêtes…

BOB. Il ne faut pas être ivres avant de partir comme ils le font tous,
au port…

JOHN. Ce n'est qu'un petit souvenir… un médaillon… *(temps)* Il y
eut un temps où on nous laissait nettoyer les maisons pour les
touristes… aucun emploi pour nous maintenant… que faire…
on regarde le ciel… on s'ennuie…

BOB. Qu'est-ce que cette coupure au doigt qui ne guérit pas, John?

JOHN. Pas un bon jour pour la pêche, Chuck, ce sera demain…
viens nous chercher à l'appartement… le vent est froid aujour-
d'hui… pas un bon jour pour la pêche… petit Chuck, ce sera une
autre fois…

BOB. Et toi, John, n'oublie pas de préparer les filets… Passe à midi,
demain, nous irons comme d'habitude, Chuck. Nicolas, c'est bien
ton nom, là-bas dans ton pays?

Au revoir, Nicolas, l'immigré, tu n'as pas remarqué qu'ici le soleil
nous brûle jusqu'au cœur? À demain, Chuck.

Le lendemain à midi: appartement de Bob et John.

Bien sûr, comme cela est fréquent ici dans le délire de Nicolas, toutes ces scènes de son passé se joignent au présent qu'il vit entre le camion, la plage et son errance parmi les pushers.

NICOLAS. Ils m'avaient dit de passer les chercher à midi. Nous allons à la pêche. Le vent est moins fort.

LE PROPRIÉTAIRE. Non, pas aujourd'hui, jeune homme, vous n'irez pas à la pêche aujourd'hui. *(temps)* Vous feriez mieux de rentrer chez vous. John et Bob ne vivent plus ici depuis ce matin. *(temps)* D'où sortez-vous avec cet accent étranger? Vous n'avez donc pas lu les journaux. Suicidés, ils se sont suicidés, chacun une balle dans la tête.

Musique vertigineuse qui continue.

Le camion roule vite sur les routes et Nicolas chante en imitant un chanteur noir à la radio. Il rit parfois en répétant les mots de la chanson.

BOB. À la fin, il portait une perruque, si je me souviens bien. Où ai-je donc entendu cette histoire si triste? C'est une mère qui parlait de son fils, je crois… À la fin, mon pitoyable fils portait une perruque, sa barbe, poussait éparse sur son visage creux et brisé, quand il passait dans les rues de Black Town, on lui lançait des pierres…

Le camion ralentit, Nicolas descend et continue de chanter en imitant le chanteur noir. Les mots de la chanson qui sont très jazzés semblent s'achever sur Ora -ora- pro-no-bis, puis sons de la forêt tropicale près de la mer.

VIEILLE FEMME *(parlant à des coqs, à des poussins, le long de la route).* Venez, mes poussins, venez… nous allons rentrer à la maison… *(temps)* Que faire, ils sont toujours sur la route…

CHRISTOPHE. Regarde, Vieille Maman, c'est Nicolas qui nous revient…

VIEILLE FEMME. C'est vrai que nous n'avons plus de maison, je me demande bien pourquoi je te parle de cela, une maison, hein, Chris… Nous n'avons plus rien, ton père buvait trop… et vous étiez si nombreux… Autrefois, au temps de nos ancêtres qui se cachaient dans les marais, j'ai survécu, moi, avec mes coqs et mes poussins… eux non, ils ont tous été tués, massacrés…

CHRISTOPHE. Tu as trop traîné le long des routes avec ton bâton… C'est dangereux, par ici… Les *pushers* connaissent bien ce chemin…

Nicolas se rapproche d'eux.

NICOLAS. C'est vrai, Vieille Maman… tu devrais rentrer…

VIEILLE FEMME. Où cela, mon petit ? Tiens, tu as encore grandi, tu ne finiras jamais de grandir, toi… tu es comme mon Christophe…

NICOLAS. Attention… Chris… il y a une garde policière là-bas sur la côte… *(temps)* Qu'est-ce que tu fais maintenant, Chris… tu étais instructeur de ski nautique et maintenant tu te promènes avec une charrette de melons ?

VIEILLE FEMME. Et devine ce qu'il y a dans les melons ?

NICOLAS. C'est de l'imprudence, Chris…

CHRISTOPHE. Je descends jusqu'à Black Town avec ma charrette, cela n'a l'air de rien…

VIEILLE FEMME. Venez mes poussins, venez… *(temps)* Tu le sais, toi, hein, Chuck ce qu'il vend, Christophe, à tous ces étrangers sur la plage ? Ils viennent de partout pour les acheter, ces melons… Car la chaleur nous écrase… venez mes poussins, venez…

CHRISTOPHE *(ironique).* Tu en as du bagage dans ton camion Chuckie, une tente, une planche à voile, et tous ces livres, fils d'intellectuels va, tous ces livres… On ne dirait pas que tu vends de la coke mais que tu fais le tour du monde…

NICOLAS. Tu n'as qu'à monter… On ne se quittera plus, on prendra soin de Vieille Maman, qu'est-ce qu'elle a, elle ne mange plus? Elle a perdu toutes ses dents?

CHRISTOPHE. C'est l'usure… tu connais… cela nous arrivera à nous aussi, un jour…

NICOLAS. Nous n'aurons pas le temps. Nous ne deviendrons jamais vieux, nous.

CHRISTOPHE. Même sans la poudre, l'alcool et tous les abus de la misère… Vieille Maman était déjà comme ça à la naissance… Nous sommes un vieux peuple, je te l'ai toujours dit…

NICOLAS. On pourrait retourner à Cudjoe Key… vivre de notre pêche…

CHRISTOPHE. Trop tard. Je vends des melons.

VIEILLE FEMME. Là-bas, ils les pendent aux arbres, ils les abattent avec leurs fusils… Venez mes poussins, venez…

CHRISTOPHE. Tes parents t'ont gâté là-bas, je parie… pourquoi es-tu revenu?

NICOLAS. Pour mes clients… *(temps)* Pour notre jardin dans l'île…

CHRISTOPHE. Ah! ton jardin où les Noirs étaient poursuivis par des chiens féroces… C'était le bon temps, Chuck, on leur faisait si peur, toi et moi… tu te souviens…

NICOLAS. On pourrait s'installer là-bas, tous les trois, vivre tranquillement de notre commerce.

CHRISTOPHE. Trop tard, je veux être modèle à New York. Et toi, devenir écrivain, m'as-tu dit…

NICOLAS. Je veux écrire ce livre… seul, seul contre le monde… seul, comme nous l'avons été chacun de nous, depuis l'âge de douze ans…

CHRISTOPHE. Vous, les Blancs, vous n'avez rien à dire, vous n'avez pas assez souffert…

NICOLAS. Tu es toujours aussi amer, Chris. Pourquoi?

CHRISTOPHE. À cause des melons, et des chiens féroces dans votre jardin, quand j'étais petit.

NICOLAS. Ce n'était pas nous. Toute la ville gardait ses chiens féroces enfermés…

CHRISTOPHE. Enfermés et prêts à sortir et à bondir sur nous avec leurs crocs…

NICOLAS. Il y a longtemps de cela…

CHRISTOPHE. Oui, mais comme Vieille Maman, je ne parviens pas à oublier… *(temps)* Modèle à New York, voilà ce que je serai… ils aiment les Noirs… Ne t'attriste pas, Chuckie, je sais que tu es mon ami… je sais… et vous étiez une bonne famille, avec des principes chrétiens, pour des Blancs, on voyait que vous veniez de loin… Les chiens, ce n'était pas votre faute… Je n'oublie pas que c'est avec moi que tu as connu *the White Lady* pour la première fois…

NICOLAS. À cet âge-là, à douze ans… oui, c'était la première fois… C'était pour affronter les chiens…

CHRISTOPHE. Et nous avons réussi… *(temps)* Sauf que moi, à douze ans… je me piquais déjà. Cela ne se faisait pas dans votre famille, combien de fois t'ont-ils mis à l'écart?

NICOLAS. Jamais à l'hôpital… Dans des écoles où était-ce donc?

CHRISTOPHE. Combien de fois nous ont-ils séparés?

NICOLAS. Voilà ce que je veux écrire… si je retrouvais les mots… les sensations… les mots… oui, si je pouvais les retrouver… mais j'ai l'esprit paresseux… Bob… John, je me souviens… Et Pierre… parce qu'il ne se réveillait pas… Il était immobile dans un fauteuil, chez ses parents, il semblait regarder dans le vide pendant que la télévision parlait seule dans le noir… je lui ai dit… tes bottes sont dehors et il pleut… réveille-toi… et cette musique qu'il écoutait toute la nuit… tu te souviens, cette musique…

CHRISTOPHE. C'était une vieille musique, celle d'un vieux peuple qui n'a plus de larmes à verser…

VIEILLE FEMME. Venez mes poussins, venez…

Elle tousse.

NICOLAS. Ne lui permets plus de dormir dehors… Il faut la soigner…

CHRIST. Il y a des gens qui s'endorment là où ils tombent d'épuisement…

NICOLAS. C'est tout ce poison que vous consommez tous les deux…

CHRISTOPHE. Et toi?

NICOLAS. Je m'en sortirai…

CHRISTOPHE. Alors je deviendrai un grand modèle à New York… et toi, un écrivain… *(temps)* Que des mensonges encore… des illusions… comme lorsque nous étions enfants… Ces Blancs qui venaient sauver leur progéniture au soleil… Une nouvelle civilisation… une nouvelle race… mais Black Town était déjà à nous… Black Town est toujours à nous… Tu vis dans un camion avec tous tes livres, tu fais le tour du monde… *(temps)* Une école de surdoués pour les riches, c'est bien là où tu étais? Moi, c'était en prison…

VIEILLE FEMME. Ne recommencez pas à vous disputer… Venez mes poussins… Et ta maman, mon garçon, tu n'en parles pas…

NICOLAS. Ma mère, c'est toi, maintenant… *(temps, se reprenant)* Bouge un peu Chris avec ta charrette et tes melons… Je dois repartir… revoir des amis…

VIEILLE FEMME. À force de dormir dehors, je tousse toute la nuit... venez mes poussins, venez...

CHRISTOPHE. Mais ce jardin où tes parents nous permettaient de jouer ensemble... c'est vrai que j'aimerais y retourner...

NICOLAS. Vous n'avez qu'à venir avec moi, tous les deux.

CHRISTOPHE. Trop tard. Nous serons tués par elle, *the White Lady*... toi, non, peut-être...

LA VIEILLE FEMME. Venez vous baigner, les enfants, ne vous chamaillez plus... Venez mes poussins, venez...

> *On entend le camion qui roule sur les routes et le même thème de musique rock à la radio : Nicolas rythme la musique de ses accents de violence, puis silence ; Nicolas, en voix off.*

NICOLAS *(comme au début)*. Si mes mains cessaient de trembler... si j'avais moins soif, je pourrais écrire... lorsqu'ils ont refermé la porte de cet hôpital, de cette école, je ne sais plus, j'ai été désintoxiqué de la vie... seul contre le monde, seul contre le monde, cette phrase que prononçait Chris autrefois, je l'ai entendue à nouveau... Seul contre le monde ou le monde contre nous... Rimbaud n'a pas eu à écrire cela... l'histoire de Bundy exécuté à l'aube... Rimbaud n'a jamais connu Bundy et les autres...

La poudre blanche et le ciel rouge, le ciel nucléaire sous lequel chacun s'endort, le soir, Rimbaud n'a pas écrit à ce sujet non plus... venez mes poussins, venez... Ces yeux de Christophe, agrandis, pleins de terreur... Si on le prive de ses drogues, il mourra... Ils ont électrocuté Bundy et tous les autres condamnés qui attendaient depuis des années dans les chambres de deuil... Dans les journaux, on ne dit pas tout... Mais l'énorme plainte... on l'entend qui rugit à travers les barreaux... Bundy... les autres... Moi, j'entends tout... À Black Town, nous étions souvent seuls avec nos jeux barbares, Christophe et moi, seuls aussi avec le racisme des autres… Nicolas, Chuck, cette maison, ce jardin et ses fleurs épineuses… Seuls contre le monde Christophe et moi…

Voix off d'un éducateur.

Un enfant ne peut pas grandir ici, un enfant ne peut pas être élevé ici, dans cette abondance ou chaque jour tout se flétrit… le cœur, l'âme… dans ce jardin brûlant, empoisonné,… Dommage, il sera détruit…

NICOLAS. Je n'ai plus qu'à suivre ma route… Mais ils avaient peur de nous, dans leurs confortables jardins… L'ombre si haute de Christophe son ombre noire sur le seuil des jardins. Ils nous craignaient, appelaient les chiens, tels des jardiniers à l'affût, nous allions en redressant le citronnier qui avait été tranché par le vent, Christophe abattait de sa carabine les rats enfouis dans le feuillage humide… Lui, son ombre haute et noire, moi, déjà si fort si musclé, ils nous craignaient, n'osaient plus sortir, seuls contre le monde, seuls contre le monde, les chiens, les policiers, ils les appelaient, ces garçons sont si sauvages, disaient-ils qu'ils déchirent avec leurs dents les barbelés de nos clôtures, ils n'aimaient pas notre musique, c'était top rageur, trop bruyant pour leurs oreilles mornes, j'imitais Christophe, comme lui, je déchiquetais de mes dents les grillages de leurs clôtures, je piétinais leurs jardins, certains jours, j'apparaissais avec mon ombre haute et noire, à mon tour, derrière ces portes vitrées de leurs patios, j'effeuillais la terreur sur leur pas, ils disaient, c'est lui, l'ami des Noirs, l'immigré, chassez-le, et depuis ils ont exécuté Bundy, il ne s'est pas plaint, a refusé le petit déjeuner avant l'exécution, les œufs, le steak, il a tout refusé, laissez-moi seul, a-t-il dit, je prie, je veux prier, et Dieu a écouté sa prière comme celle de tous les condamnés à mort qui allaient mourir ce matin-là en Iran ou aux États-Unis ou ailleurs partout montait la prière des condamnés du jour, et Dieu entendait ces mots à travers le vacarme de la guerre et la fumée des sacrifices, Dieu entendait, je ne veux pas d'œufs, pas de café pour mon petit déjeuner aujourd'hui, non merci.

VOIX OFF. Oui, mais tout changerait, tout changerait immédiatement avec une cure de désintoxication... C'est magique parfois...tout cela à cause de ce jardin maudit au soleil... Chuck est si intelligent...

DEUXIÈME VOIX OFF. Complètement détruit... je vous le répète, le cerveau complètement détruit par les drogues... Nicolas, c'était hier...

VOIX DE NICOLAS. La coke se porte à l'intérieur de soi, dans les replis de son propre corps, c'est intime, c'est glorieux... on peut exploser comme un soleil de sang tout autour... Oui, Pierre m'avait fait lire ces *Illuminations* de Rimbaud, en disant, va, cela sera ton chemin dans la vie... c'était la fête, le grand congé du printemps pour les étudiants américains, ce jour-là, quand j'ai vu Pierre son fauteuil, qui regardait la télévision Pierre qui était immobile, d'une immobilité parfaite, depuis longtemps déjà... une main reposant sur le genou, une main froide et pâle *(musique très forte).*

Nicolas, Allan, dans un jardin tropical où Allan est gardien.

NICOLAS. J'ai vu Chris et Vieille Maman, ils n'ont pas voulu revenir avec moi chez nous... dans notre jardin...

On entend Allan qui nage dans la piscine.

NICOLAS. Tu m'entends Allan, cesse de plonger sous l'eau...

ALLAN *(se rapproche de Nicolas en nageant).* J'ai perdu l'habitude de voir des amis... Personne ne passe plus par ici, maintenant et les maîtres de maison ne semblent plus vouloir revenir c'est triste toujours seul, autour de cette maison vide, toutes ces chambres désertes qu'il faut nettoyer quand même. Il n'y a pas que la poussière végétale qui tombe du toit ouvert sur les meubles… mais cette poussière charbonneuse qui semble venir du ciel…

NICOLAS. Il n'y a pas d'usines ici, seulement le ciel bleu…

ALLAN. Et quelques bases militaires aussi… *(temps)* Le médecin m'a recommandé de nager tous les jours… De toute façon, il y a toutes ces saletés dans l'océan… *(temps)* Tu crois que je passerai tout le reste de ma vie ici, sans qu'on vienne me voir ?

NICOLAS. Je viendrai, moi.

ALLAN. Un jour, tu pourrais venir et ne plus me trouver là comme Bob et John. Mais j'ai trop peur, il me faudrait quelqu'un pour me tenir la main…

NICOLAS. Comment te sens-tu ces jours-ci ?

ALLAN. Mieux, beaucoup mieux. Je m'en sortirai. *(Il rit.)* Tu ne le crois pas.

NICOLAS. Je le crois. *(temps)* Tiens, prends ce médaillon, parfois, tu l'ouvriras en pensant à eux : tu y verras leurs visages, lorsqu'ils étaient heureux… Bob… John… rencontrés un jour sur la plage… Prends cela aussi, c'est du poison qui nous soulage parfois du poids de la vie.

ALLAN. À ton âge, je n'étais pas aussi désabusé, Chuck, tu ne penses pas parfois à retourner aux études… vivre à nouveau parmi les tiens, dans ton pays…

NICOLAS. Je me sens sans patrie maintenant… *(temps)* À part Vieille Maman et Christophe… nous sommes liés malgré nous… la civilisation des Blancs qui se meurt et l'autre qui est sur le point de naître… Moi, je suis à l'aube de la vie et pourtant… ma race menace de s'éteindre…

ALLAN. J'ai toujours vécu sur les routes, l'exil, si tu savais… me voici qui garde la maison de deux millionnaires qui me méprisent, hier j'étais un mendiant en haillons… au Brésil… mais ce sentiment de l'exilé quand la nuit tombe... si tu savais oui... quand tous, ils vous ont abandonné... même la famille au loin, là-bas, qui ne sait pas de quelle mort vous êtes atteint... ce qui, lentement vous fait dépérir... Non, toi, si sain et si beau, tu ne peux pas comprendre...

NICOLAS. Je peux comprendre parce que j'ai tout perdu, moi aussi.

ALLAN. Tu ne le sais pas, mais quand personne au monde ne peut plus vous prendre dans ses bras... tu ne peux pas savoir...

NICOLAS. Maintenant, il faut que je parte... Il y a des clients qui m'attendent tu sais, ces chômeurs sur les quais...

ALLAN. Au sujet, oui de John et Bob... tu te souviens de ce que l'on a écrit dans les journaux... ils étaient si serviables, disait-on, si serviables pour la communauté... *(temps)* Si j'étais toi, je ne fréquenterais pas ces voyous, sur les quais, si j'étais toi, je lirais tous les livres, dans une bibliothèque universitaire, je porterais un pantalon de toile blanc comme le faisait ton père, je serais un garçon décent comme l'exige ta classe sociale, même Chris et Vieille Maman, je les éviterais... quant à Allan, cet homme seul au monde et rejeté de tous... cet exilé sans toit rôdant dans le jardin des riches se baignant dans leurs piscines... avec quelle fierté, quelle santé hautaine je le dédaignerais...

NICOLAS. Quitte cet endroit... retourne au Brésil... c'est un jardin empoisonné ici...

ALLAN. Peut-être, mais on m'envoie chaque semaine mon salaire. Sans espoir de vivre demain, je veux bien vivre.

NICOLAS. Oui, mais seul, toujours seul...

Nicolas commence à fredonner la mélodie noire qu'il écoutait à la radio dans son camion.

ALLAN. Ne pars pas tout de suite...

NICOLAS. Il le faut...

ALLAN. Sur les routes du Brésil, soudain, le soir, j'éprouvais ce même serrement au cœur… Pourtant, il y avait des paysans à la peau brune qui rentraient chez eux… Un lieu minable… mais quelqu'un les attendait… Et soudain ce halo autour du soleil… c'est cela, oui, qui me serrait le cœur… Ah! ne pars pas tout de suite, cette fois…

On entend le camion de Nicolas qui repart sur les routes et la mélodie rock très tenace, obsédante à la radio.

NICOLAS. J'ai soif… me reposer là-bas, dans notre maison… tiens, le soleil se couvre… il y aura tous ces serpents… ces orties dans la cour… J'ai suivi Allan jusqu'au fond du jardin… Il avait un atelier ouvert parmi les fleurs sauvages… Il me dit, ces vitraux, regarde, c'est moi qui les ai peints dans ma solitude… J'ai tout ce temps devant moi… Alors, je dessine, je peins… comme je le faisais au Brésil, sur les toits des maisons… Seuls contre le monde, ces vitraux d'Allan… Et si les maîtres de maison ne revenaient jamais d'Hawaï… Allan allait d'un étage à l'autre… il secouait les rideaux blancs, dans les chambres… rehaussait les couvertures de soie sur les lits inhabités… Ce deuil blanc, sous les rayons du soleil… Allan, debout, si maigre et affligé, dans la lumière de ses vitraux… lui dont la vie s'éteignait peu à peu… doucement, faiblement… Soudain, il ne pourra plus monter dans les chambres du haut… soudain… soudain…

Musique rock à la radio, le camion roule très vite sur la route.

Pluie, orage, musique rock en sourdine, avec voix qui viennent d'une télévision.

VIEILLE MAMAN. Chuck… c'est nous… Chris et moi… On est revenus au jardin à cause de l'orage. Ouvre-nous… petit… mon poussin, ouvre… c'est ta mère, celle qui t'a bercé quand tu avais peur… et tout est devenu si confus dans nos pauvres têtes, te souviens-tu, c'est à cause d'elle… oui, la poudre blanche qui tue…

CHRISTOPHE. Ne crie pas, Vieille Maman, je vais ouvrir la fenêtre, sans le prévenir comme autrefois... Il a oublié ses bottes dehors, il regarde la télévision dans le noir... Chuck, c'est nous... Vieille Maman et Christophe... viens nous ouvrir... tu as oublié tes bottes dehors... Chuck, tu m'entends? Tu refuses de bouger... réponds... Chuck... tes bottes... tu les as oubliées...

Musique noire.

Table des matières

Le Disparu   9

L'Envahisseur   41

Deux destins   63

Fièvre   103

Un couple   137

Murmures   161

L'Exil   183

Un jardin dans la tempête   201

MISE EN PAGES ET TYPOGRAPHIE :
LES ÉDITIONS DU BORÉAL

ACHEVÉ D'IMPRIMER EN MAI **1999**
SUR LES PRESSES DE L'IMPRIMERIE AGMV MARQUIS
À CAP-SAINT-IGNACE (QUÉBEC).